산이여
강이여

산이여 강이여

강명자 산문집

신아출판사

|머리글|

생명체는 스스로 활동하기를 원한다

화가는 늙어도 붓을 놓지 않고, 피아니스트가 늙어도 하루에 몇 시간씩 연주를 해야 생명이 연장되듯, 문학을 하는 사람도 마찬가지다. 문학도 하나의 훈련이다. 글을 쓰는 것은 머리만 가지고 써도 안 되고 가슴만 가지고도 안 된다. 글 쓰는 일이 생활이어야 한다. 물은 썩지 않기 위해 흐르고 바다는 살기 위해 파도를 친다고 한다. 우리 역시 살기 위한 방법으로 선택한 것이 글쓰기이다. 글을 쓴다는 것은 늘 팽팽한 긴장감 속에서 나를 단련시키는 일이다. 누구에게나 삶이 있듯이 글 쓰는 일을 운명적이라 받아들일 수밖에 없다.

개성이 넘치는 무늬와 빛깔도, 눈에 거슬리지 않는 파격도, 지성이 흐른 품위도, 삶에 대한 깊이 있는 안목과 심안이 바탕이 되어야 한다. 비록 쉽지 않은 길이지만 나만의 세계를 구축한다는 것은 어떤 것보다도 가슴을 꽉 채우는 일이다. 주관이 뚜렷한 일관된 철학과 고집도 필요하겠지만 어떤 맛과 향기를 뿜어낼 수 있을지 내가 던지는 메시지는 무엇을 담아낼 수 있을지 독자를 자극할 내 안의 기초적인 작업이 절실히 필요하다. 절실하고 치열한 정신적 욕구가 있을 때 펜을 잡아야 한다. 살기를 원하는 젊은 시절, 가슴을 찔렀던 릴케의 편지는 라이너 마리아 릴케의 문학을 지망하는 까뽀스라는 러시아 문학청년의 물음에 대한 릴케의 회신을 엮은 책자이다. '글을 쓰지 않고는 못 배길 것인가?' '쓰지 않고는 죽을 도리밖에 없을 만큼 절실한 것이다.' 하는 구절이 물음으로 다가왔다. 글을 쓴다고 몸살을 앓던 나의 가슴을 송곳처럼 찔러대던 릴케의 편지 구절이 그 절절한 가르침이다. 깊은 밤 '내가 쓰지 않고는 못 배길 것인가?'를 스스로 물어 보았다. 마음 깊은 곳에서 우러나오는 강한 긍정 '나는 쓰지 않고는 못배기겠다.'를 되뇌며 오늘까지 왔다.

항상 관심으로 지켜 주시며 지금까지 지도해 주신 김학윤 교수님과 문학도반님들, 그리고 최성미 임실문화원장님, 정인관 회장님께 감사드립니다.

2010년 가을에

강나루 산방에서

|차례|

1

2

3

4

◆ 축하의 글

1

“도반이란 취미생활이나 글공부를 함께하는 사람, 무엇이든 열심히 같이 공부하는 친구도 도반이고 인생의 반려자인 부부도 도반이다. 산길을 함께 걷는 사람을 도반이라고 부른다고 해도 어색할 것은 없다.”

2007년 박경리 토지문학상 대상

섬진강 하동

골짜기마다 두 갈래 세 갈래 물길이 한 몸으로 합수하여 모여드는 전설 같은 섬진강을 따라 하동에 들어선다. 소꿉처럼 아기자기하게 들어앉은 마을마다 재첩국 끓는 냄새로 먼저 넉넉한 인심을 풀어 놓는다.

하얀 모래톱과 오밀조밀하게 펼쳐진 산의 능선과 송림들 사이로 강물은 흐르고 있다. 섬진강에서도 하동의 은모래를 빼놓고는 섬진강의 아름다움을 말할 수 없다. 산과 들을 지나 모든 길이 드나드는 저 강가 도닥도닥 고운 낯빛으로 서로 비비고 비벼 은모래로 부서지는 오묘함, 물결 위로 트인 하늘이 유난히 곱다. 나는 모래밭에 발자국을 남기면서 이 세상의 가장 순결한 곳으로 들어왔음을 느꼈다. 송림과 강물, 모래의 흰색이 어우러진 하동, 그 어느 선비가 이보다 더 고결할까.

강물 굽이를 돌아나온 놀란 물새 떼 안개를 강가로 몰며 한 마리씩 안개 속으로 사라진다. 강기슭에서 은은히 피어올라 산과 산 사이를 까마득히 잠겨 놓은 안개가 제 몸을 비틀어 짜내 띄워 놓은 저 무지개 속엔 어른어른 물그림자가 비친다. 강물은 푸르다. 저 푸름이 온 산에 가득 안개를 씌우는 걸까. 물 밑바닥에서 튀어오르는 물방울이 풀빛을 섞어 향기를 쏟아낸다. 눈에 감겨오는 푸른 강줄기를 몸에 두르고 물안개에 싸여 돌아오는 새벽 골짝 능선으로 흐느적흐느적 누가 올라와 정적을 모래 무덤에 묻어놓고 바위 모퉁이를 돌아 뒤척이는 모래밭에 고요한 평상심으로 일정한 보폭을 옮기며 발자국 찍고 있다. 으깨진 조개껍데기가 맨발을 찌른다.

비린 물 내음 강물을 보면 어떤 물살은 빠르고 어떤 물살은 느리다. 또 어떤 물살은 크고 어떤 물살은 작다. 어떤 물살은 더 차고 어떤 물살은 덜 차고 어떤 물줄기는 바닥으로만 흐르고 어떤 물줄기는 위로만 흐른다. 또 어떤 물줄기는 한복판으로만 흐르는데 어떤 물줄기는 조심조심 갓만 찾아 흐른다. 뒤에 있는 것이 앞에 있는 것을 지르기도 하고 앞 것이 우정 뒤로 처지기도 한다. 서로 뒤엉켜 하나가 되기도 하고 다시 갈라져 따로따로 제 길을 가기도 한다. 때로 산골짝을 흘러온 계곡물을 받아 스스로 큰물이 되어 다리 밑도 지나고 쇠전 싸전도 지난다. 산과 들판을 지나고 바위와 돌 틈을 어렵사리 돌기도 한다. 흔들림 없는 중심을 두고 밀려왔다 밀려가는 저 물길의 파동, 제 속을 채웠다 비우는 모래들, 굴곡 속으로 삶을 풀어가는 물살처럼 청청한 출렁임에 몸을 가라앉힌 인고의 모습들, 해질 무렵 물 위로 난 길들이 돌아올 길 버리고 조용조용 서로의 아픔 다독인다.

세월이 훌쩍 지나버린 어느 때이던가. 한 사람과의 만남이 둘이 걷는 길로 만들어지던 그 잔잔한 떨림을 받은 것은 처음 하동에서였다. 혼자서 흐르던 강물이 또 다른 한 줄기의 강물을 만나 더욱 깊은 심연을 이루며 흘러가리라 생각했었다. 지금 내 곁에 선 한 사람이 이제서야 겨울나무처럼 담백하게 여겨지는 것은 우리가 강물의 깊이를 아는 나이가 되었다는 것이다. 서로를 주장하지도 다투지도 않으면서, 마침내 수많은 낯선 만남들이 한 몸으로 녹아드는 강물처럼 사람의 마음도 하나로 스며들어 한 생의 바다에 조용히 당도하리라 생각해본다.

사람이 사는 일도 이와 같으니 나는 온갖 삶 모두 끌어안고 다시 올 수 없는 먼 곳까지 가서 그 줄기찬 아우성으로 섬진강 물길이 되어 살아 있음을, 살아 있는 존재임을 증명하는 것들이 내 안의 나이테마다 스미어 안으로 흐르고 밖으로 밀리는 물살이고 싶다.

다 늦은 저녁답에 강물 위로 툭, 하고 조바심처럼 돌을 들어 힘차게 던졌다. 물결 살점이 불끈 고통처럼 치솟는다. 어디선가 푸드덕

날개를 펼치고 정물화 한 폭이 불현듯 사라진다. 그 빈자리에 반짝이는 물비늘 같은 것이 오랫동안 출렁거렸다. 우연이듯 강물 속으로 구부러진 강가의 나뭇가지 사이로 이따금 물살 치는 소리가 홀로 깊어지는 풍경소리로 들렸다.

깊고 넓은 강물 끌어안고 바다로 가는 이 장엄한 흐름, 어디서 이 크나큰 생명은 맥박쳐 오는 것일까. 강은 그토록 흐르고도 흐를 것이 남았던가. 우리네 삶은 그렇게 만만하지 않다는 듯 오늘도 강물은 바다를 향해 흐른다.

숲에서 봄은 허물을 벗어내듯

숲에서 봄은 허물을 벗어내듯 갑자기 일어난다. 그것들은 애교스럽고 사랑스런 것이 아니라 덕지덕지 붙은 부스럼이 떨어져나가는 것과 같은 소름끼치는 일이다. 마른 잎이 모두 떨어질 때까지 뿌리는 혼자 남아 한 해를 마감하기 위해 결산작업을 한다. 그러나 뿌리는 결코 자신을 드러내지 않는다. 어디서나 보이지 않게 수고로운 일들을 하는 것들이 있게 마련이다. 나무는 제 몸에서 뻗어나간 많은 가지와 그 가지에서 피어나는 꽃과 이파리 열매를 위하여 깊고 차가운 어둠 속을 향해 치열하게 뿌리를 내리며 고독의 길을 간다.

이른 봄 나무는 궁핍한 겨울의 묵은 때가 뒤엉켜 그을음처럼 칙칙하다. 겨울에는 움츠리고 경계하여 앙상하게 깐깐한 자존심이랄까 뭐 비슷한 고집이 있어 보였는데 봄빛에 껍질이 데워지더니 나무들이 갑자기 실없어지기나 한 듯 무기력하게 풀어진다. 봄을 좀 더 가까이 보기 위해 가지를 잘라 보면 마른 줄기 속으로 이미 푸른 물이 지나갔음을 알게 된다. 기다리던 봄이 벌써 나무의 줄기 속에서 흐르고 있었던 것을 알 수 있다. 사람이란 얼마나 게으른 존재인가. 나뭇가지에 푸른 물이 오르기 시작했으면 이미 봄은 벌써 수일 전에 시작되고 있었던 것이다. 짧은 달 2월의 숨이 넘어가고 있을 때 이미 나무의 뿌리 속은 봄을 잉태하고 있었던 것이다. 어찌 봄을 신록에서부터 시작한다 할 수 있겠는가. 땅속 뿌리의 부지런함이 없었던들 푸른 물은 어찌 오르며 잎은 어찌 깨어날 희망을 품어보겠는가.

나무의 한 해 살림에 가장 부지런한 것이 뿌리이다. 뿌리는 이른 봄에 가장 먼저 깨어나고 가을에 가장 늦게 겨우살이를 준비한다. 지상의 눈들이 꽃샘추위에 움츠려 있을 동안 뿌리는 물을 모아 목 마른 눈을 축여주고 새로운 출발을 위한 필요한 양분들을 조달한다. 물이 오르는 동안 마른 줄기는 부풀어 오르고 윤이 난다. 나뭇가지마다 푸른 물이 오르면서 비어 있던 숲 속 공간에 초록의 장막이 생겨나고 공간이 부여된다. 이제 막 돋아나려는 어린 잎은 완전한 형체를 가지지 못하고 수줍기만 하다. 나뭇가지에서 제 모양으로 잎이 돋아나는 데는 긴 시간이 걸린다. 연한 잎들은 그 어느 때보다 많은 물기를 머금고 있다. 물은 빛을 산란시킨다. 공기 중에 떠 있는 물 입자들은 여기저기서 튕겨져나온 신록의 색을 받아 다시 여기저기로 어지럽게 흩어져 버린다. 그래서 신록이 돋아나는 봄 숲에는 연둣빛 안개가 늘 걸리게 마련이다. 비가 몇 번씩 내리고 나야 숲은 완전히 허물을 벗고 제 모습을 드러낸다. 봄비는 단물이다. 뿌리들의 아우성 소리로 땅속은 들썩거리다 못해 부풀어오른다. 가지를 타고 밀고올라온 물이 다시 부푼 눈으로부터 껍질을 밀어내며 신록에는 물방울이 맺힌다. 물기가 많기로야 장맛비 잦은 여름 숲을 당할 수 없겠지만 여름 숲은 욕심 많은 잎들이 가득하니 덧정 없는 물기만 가득하지만 봄 숲의 물은 그지없이 살금살금 적셔져 감칠맛 난다.

숲은 아직 마르지 않은 수채화와 같아서 금방이라도 엷은 물감이 흘러내릴 것만 같다. 줄기에는 붓의 터치감이 그대로 살아 있어 작은 이파리 끝이 초록으로 뭉쳐져 멀리서 보면 작은 점들의 집합으로 보인다. 초록빛이 점점 진하게 번져 전체를 메우게 되면 비로소 숲에서는 새로운 색깔의 점들이 배어나기 시작한다. 초록색 바탕에 만물의 형체가 곧 부여될 조짐인 것이다. 이미 땅속은 뿌리들의 전쟁터로 변했을 터이다. 뿌리들의 수고로움을 아는지 모르는지 물맛에 방자해진 가지들이 둥글게 튀어올라 작은 아치를 이루고 아치형 고리들은 서로 연결되어 숲의 길가에 동굴을 만든다. 이쯤이면 봄은 가지들의 환영을 받으면서 진정 우리 곁에 오지 않을까.

야간 산행

보름달빛과 어우러진 원근의 저 선명해진 산 빛, 산그늘 어두운 곳에 누가 큰 등을 내걸고 맞이하는가. 여름이 한풀 꺾인 초가을 밤, 성수산 임도를 타고 지인들과 야간 산행을 했다. 상이암 아래 주차장에 모여 낮에도 음침한 비행기재 가는 길을 행선지로 택했다. 산 굽이를 돌 때마다 잠에서 놀란 새들이 푸드덕거린다. 그들의 잠에 방해되지 않으려고 해도 고요를 깨고 발자국 소리가 멀리 퍼진다. 보름달 사이로 은하수가 길게 흐른다. 마을에서도 볼 수 없는 선명한 달빛, 별빛이 참으로 경이롭다.

여럿이 걷다 보니 산속을 걷는 것조차도 부담스럽다. 휴식을 취하는 뭇 생명들에게 소음이 되는 언어들을 우리들은 마구 쏟아냈다. 건드리지 말아야 할 것들에게 부담을 준 것 같다. 얼마쯤 걸었을까. 잠시 야밤의 산속 숨소리를 들어보자. 우리가 알 수 없는 소리들이 쉼 없이 들린다. 가만히 들어 보니 뭇 생명들의 숨소리다. "낮에 등산객들에게 시달렸는데 이제는 밤까지 괴롭히는구나." 하는 그들의 소리가 자꾸 귓전에 들려오는 것 같다. 그들에게 미안해서 풀 밟는 소리 말고는 아무 소리도 내지 않았다. 달빛은 청청한데 말없이 걸으려니 분위기가 괴괴하다. 어디선가 무엇이 나타나든지 아니면 무슨 소리가 애간장을 녹일 것만 같다. 큰 스님들이 밖으로 출입할 때는 지팡이로 미리 소리를 알린다고 한다. 사찰에서는 하절기에 법문의 깨달음을 얻으려고 하안거에 들어가는 까닭도 있지만 성하에 작은 생명들 발밑에 밟혀 다칠까 봐 일부러 피해 준다는 의미도 있다고 한다.

한 시간 반 정도 걸었을까. 대판골 헬기장에 도착했다. 헬기장은 산불 비상 시에 사용하는 시설이다. 모두 헐떡이는 숨소리 진정하며 산에 대해 예의를 표했다. 평평한 곳에 자리를 잡고 모두 준비해 온 음료수로 갈증을 풀어냈다. 사위가 고요해지면서 하늘에서는 은하수가 끝없이 펼쳐 있고 빗살로 떨어지는 별똥별은 어느 골짜기에 꽂혔는지 모르겠다. 아직도 지구에 별이 이렇게 많은 줄 여기 와서야 알았다. 머리 위로 쏟아지는 별빛이 별사탕처럼 예쁘다. 야심한 밤에 성수산 정상에서 환하게 떠오르는 보름달을 안고 이충인 씨는 준비해온 대금을 불기 시작했다. 밤 12시에 산상에서 감상하는 대금소리, 끊일 듯 이어지며 가슴 저 깊은 곳에서 우러나오는 그 절절한 애끓는 소리! 소리에 취해 수많은 별빛이 마구 쏟아질까 걱정이 된다. 대금소리가 지친 영혼들을 위로하는 것 같다. 시간이 갈수록 그 소리는 진정 원혼들의 통곡 같아 나는 꼼짝할 수 없었다. 시간이 갈수록 하늘이 더 가까워져 은하수가 마구 쏟아질 것 같다. 아! 산에 피는 꽃들이 그래서 별빛을 닮았구나.

부르시면 바쁜 것도 다 던져놓고 두 손 털며 훌훌 총총히 떠나가야 할 몸인데 무엇이 그처럼 바빴던 것인지, 또 그다지 생각이 많았던 것인지 모르겠다. 보라색 들국화 꽃들이 아름답게 흩뿌려진 곳에 두 다리를 쭉 뻗고 별을 향해 누워 본다. 들에 핀 백합화 대신 지금 나는 별을 닮은 도라지 꽃을 들여다본다. 그 옆에 이름 모를 풀들도 생각을 깊게 만든다. 이런 것들이 내게 무상으로 펴 준 충만의 선물이구나 싶다.

새벽 1시, 하산 길에 어디서 도토리와 개암이 몸살을 앓는 소리가 들린다. 그들은 밤에도 열매 영그는 소리를 하는구나. 가을은 문 밖으로 나가 풀 섶의 벌레 소리와 함께 걷는데 그 소리에 맛이 있는 것 같다. 이렇게 가는 길은 아무것이라도 통한다고 생각해도 좋을 일이다. 이젠 나는 해로울 분노와 기운을 떨구는 음지에서 놓여 나올 수 있는 것 같다. 거기 내 정원이 있고 제 맘대로 흐르는 물이 있고 내 마음이 동화될 수 있는 여건이 따르기에 나는 산을 좋아할 수밖에 없다.

변산반도 고사포

막 물이 빠져나가면서 잔물결이 출렁이는 개펄 위에 갈매기들이 내려앉아 있다. 무리 중에는 개펄을 열심히 파헤치는 놈들이 있고 그냥은 아니겠지만 다른 놈들은 날개를 폈다 접었다 한다. 그러다가 물살이 발목을 간질이면 부리로 물살을 톡 쪼아보기도 하고 괴성을 지르기도 한다. 갈매기들은 이곳의 사정을 다 아는지 이방인의 시선에는 관심도 없다. 오후의 배경으로 깔린 무한정한 개펄이 보기에 편하다. 서해안에서 가장 보기 좋은 것은 개펄이다. 특히 삶이 난해하고 고달픈 이들에게는 더욱 그렇다. 짙은 갈뫼빛으로 끝없이 이어지는 그 속을 겉으로 보아서는 잘 모르겠으나 물 빠져나가면 개펄은 속엣것이 다 드러나고 만다. 수많은 생명체의 움직임 그러나 그들의 이름 하나, 하나 속내까지 알려고 하는 것은 욕심이다. 건강한 개펄에는 바다생명들이 펄떡펄떡 뛰고 있다. 개펄 안으로 들어갈수록 비릿하고 짭짤한 소금기 절인 냄새로 코끝이 얼얼하다. 개펄 속으로 얼마쯤 걷다 보면 저잣거리에 두고 온 진흙투성이의 세상일들은 모두 지워지기 마련이다. 개펄 위로 송송 드러난 구멍 속으로 수많은 바다생명들이 들락달락하는 것을 지켜보다가 문득 육지에 사는 벌레들이나 바닷속 생명들이 살아가는 이치는 모두 같다는 것을 알았다.

물살은 누군가에게 쫓기어 가듯 쏴쏴 밀리며 몸을 둥글게 말며 간다. 물을 따라 함께 걷다 보니 개펄과 바닷물이 만나는 경계지점에 꽃게, 소라, 고동이 바닷물을 따라 떠밀려 가면서 발버둥친다. 그러나 아무리 빨리 따라간다 해도 물이 먼저 앞서가고 만다. 미처 따라가지 못한 꽃게들이 집게발을 들어올리며 갑자기 나타난 이방인에게 경계를 한다. 필사적인 공격성이다. 호기심 발동에 꽃게 등을 잡고 건져 본다. 기세 등등했던 게가 한풀 꺾이며 놓아 달라고 발을 비빈다. “그래 널 잡아서 뭘 하겠니.” 물이 고인 발자국 안으로 놓아주었더니 뻘 구멍 속으로 이내 숨어 버린다. 오후 석양이 묽게 깔려 있다. 낙지구덩이를 파고 있는 이 마을 토박이 아저씨가 곧 물이 들어오니 멀리 가지 말라고 한다. 일조에 따라 물 들어오는 시간이 다르다며 지금이 가장 짧은 물때라고 했다. 돌아올 때를 생각해서 가던 길을 돌아나와 다시 해변으로 발길을 돌렸다. 개펄 위에 배들이 얹혀 있다. 그러고 보니 내가 배들보다 더 깊이 내려와 있다는 것을 느꼈다. 모래언덕 밧줄에 묶여 있지만 그 풍경 또한 보기 편하다. 물이 차오르면 고깃배들은 푸른 바다로 나갈 것이다. 갈매기 끼륵

끼룩 소리하는 선착장에서 두 노파가 그물을 깁고 있다. 고단한 삶일지라도 이방인이 볼 때 오랜 세월 함께 늙어가고 있는 그들의 모습은 다정하고 사랑스럽다.

어느 길이건 나서면 낯설다. 개펄은 그들의 놀이터이고 생명터다. 물결은 시간에 실려 출렁거렸다. 바람이 물결을 심하게 흔드는 날에는 고기잡이 어선도 보이지 않는다. 그러다가 바다는 잠든 아이처럼 고요해지면 꺼져 있던 집어등 불빛이 다시 태어난다, 무인등대 꼭대기에 매달린 풍향계가 바람을 가리키며 이리저리 돌아간다. 바람이 바닷물을 끌어오는 시간이 되었는가 보다. 방파제에서 갈매기들이 그물더미를 헤집으며 퍼덕거렸다.

물이 빠져나간 자리에 구멍 속으로 뭔가 들랑달랑하는 게 있어 다가가 살펴보니 아주 조그만 게들이다. 그들의 행동이 민첩하고 우스꽝스럽다. 이때쯤이면 게들의 군무가 시작된다. 그러나 갈매가 떴다든가 구름이 떴다든가 구름이 슬쩍슬쩍 해를 가린다든가 그때마다 게들은 혼비백산 몸을 감춘다. 구멍에서 나왔다가 숨고 숨었다간 다시 나온다. 꼭 숨바꼭질하는 것 같다. 그렇다면 갈매기, 구름, 파도, 섬, 등대 이런 것들을 영원한 술래로 따돌려보는 것도 괜찮지 싶다. 햇살이 따사로우니 아 평화란 저런 것일 수 있겠다. 오후 내 갯바위를 못 떠나고 있는 나에게 아주 짠 바람이 밀려온다. 모래는 모래다워야 제 맛이 날 것이다. 모래는 밟으면 사르륵 사르륵거리는 모래 울음소리가 나야 하고 경우에 따라서는 모래성 쌓기 놀이나 모래찜도 할 수 있어야 한다. 모래가 너무 가늘고 고우면 마치 콩고물처럼 엉겨붙는다. 밟으면 발자국이 남지 않을 만큼 단단하다. 그러나 변산반도 모래사장은 처음 오는 여행자들에게 충분한 감동을 준다. 끝이 잘 보이지 않은 산모퉁이까지 모래사장이 이어지고 파도는 그 모래 위를 거칠게 올라온다. 평범한 여행자라도 그 개펄의 끝까지 가보고 싶은 욕구가 순간 일어난다. 천천히 아주 천천히 해안선을 따라 걷노라면 어느 결에 해가 지는 모습도 만나게 된다. 해는 모래사장과 거의 수평으로 내려오며 짙은 먹빛의 바다도 이 순간만큼은 침착한 금빛이 된다. 천천히 파도를 밟으며 모랫벌이 끝나는 지점까지 걷는 동안 어둠은 서서히 따라온다. 수평선 쪽 노을을 보았다. 노을이 짙은 시간이었다.

잡초와 대결

여름내 지짐지짐 장마가 길어지자 언덕에 풀들이 왕성하다. 바랭이, 명아주, 달맞이꽃, 쇠뜨기, 한삼넝쿨, 칡넝쿨 들이 기회만 있으면 언덕을 올라와 마당을 엿보고 있다. 잠시라도 관심을 두지 않으면 한 뼘씩이나 목을 내밀고 올라온다. 그러다가 어김없이 뽑히거나 베어지지만 풀들의 기세는 꺾일 줄 모르고 며칠 후면 다시 등등하다. 한삼넝쿨은 까칠한 잎과 줄기로 나무의 가슴을 꽉 붙들고 있다. 달맞이꽃들이 펑펑 노란꽃망울을 쏘아대고 뱀 대가리 모양 쇠뜨기들이 우후죽순처럼 밀고나와 대결하자고 한다. 잡초와 내가 다투는 동안 찔레나무 가시 사이로 딧새들이 모여 뭐라고 재잘거리다 놀라 한바탕 소동을 벌인다. 나뭇잎이 짙푸른 요즘, 새들에겐 평안한 안식처 같다. 열린 창문과 문 사이에 계절이 조금씩 변해감을 안다. 이 순간 고개를 돌리지 않아도 영화의 장면처럼 자연의 모습이 계속 바뀌는 것이 느껴진다. 해질 무렵 온갖 색이 한데 엉킨 신기루 속에 낮 동안 태양이 뜨겁게 반짝이던 언덕 위로 흰 구름이 길을 내며 선명하게 드리우고 있다. 요즘 한창 피어대는 자줏빛 칡꽃 향기가 미풍에 밀려와 멀리서도 달콤한 향기를 느낄 수 있다. 이곳에 살면서 항상 보는 풍경이지만 오늘은 왠지 처음 보는 풍경처럼 아름답게 다가온다.

울도 담도 없는 우리 집, 아무나 쉽게 들어올 수 있는 곳이다. 강나루 언덕에 가장 많이 방문하는 자는 주변의 새들과 잡초들이다. 잡초는 아예 마당 곳곳에 살림을 차렸다. 그리고 쉴 새 없이 세족 번식하면서 마당을 점령한다. 결국 우북하게 자란 잡초 속에 벌들이 자리를 차지한다. 가끔씩 나타나는 뱀도 한통속이 되어 사람을 놀라게 한다. 잡초를 제거하려 들면 어느새 벌들이 달려나와 공격을 한다. 잡초는 날카로운 칼날을 세우고 벌들은 침으로 공격하고 뱀이 출현하여 혼비백산하게 만들고…… 아니 이것들이 어느새 한통속이 되었나. 대결을 하다가 그만 두 손 들고 만다. 이젠 집 주변을 나돌 때에도 완전무장을 해야 한다. 슬리퍼를 끌던 마당은 결국 나갈 때마다 장화를 신어야 했다. 마음 같아서는 당장 제초제를 사용해서 몰살시키고 싶지만 누렇게 죽어가는 모양새가 보기에 좋지 않아 그대로 두고 보는 것이 좋겠다. 저희들의 세상처럼 맘대로 철쭉나무며, 배롱나무며, 앵두나무를 휘감고 오른다. 잡초들의 천국이다. 그러나 아무리 기세가 센 들풀일지라도 찬바람이 일면 그때부터 풀들은 더 이상 뻗어나가는 것을 자제한다. 제자리 살피며 멈춰야 할 때를 안 것이다. 사람 사는 세상도 이와 같으리라 생각해 본다.

가을 내내 日光으로 타오르는 맨드라미 볏도 빨갛게 타오른다. 숭얼숭얼 씨앗 망태기를 달고 마르고 있다. 도꼬마리씨앗은 사람 옷에 몰래 달려들어 멀리까지 영역을 넓힌다. 엉겅퀴는 새털 같은 가벼움으로 떠다닌다. 이제 풀줄기들이 공격을 포기한 듯하다. 가야할 때를 아는 것이다. 이 땅 풀잎들은 아무것도 아닌 듯이 흔들리다가 한꺼번에 들판을 누렇게 불태운다. 누군가에게 무엇으로 남길 바라지만 들풀 씨앗들은 한꺼번에 떠들썩하게 빠져나가고 누런 정맥의 잎사귀들이 물비늘처럼 출렁거린다. 바람 부는 날이면 흔들리는 구절초꽃 내음이 형체가 보이지 않는 것이라지만 가슴으로 향기가 잠긴다. 내 수첩에 기록되어 있는 아름다운 들꽃 이름들, 마음끝에 닿으면 등불이 되는 이 세상, 순수한 깊이의 미소로 저기 혼자 들꽃으로 피어 하늘 아래서 초라한 몸집으로 낮은 삶을 사는 가장 질긴 목숨이다. 그 메마른 땅에서도 돋아나고 이름이 무엇인지 잘 모르지만 선지피 같은 사랑 가슴에 품고 밟혀도 꺾여도 죽지 않는 들풀이다. 생을 마감한 다음일지라도 누구보다 먼저 살아나 작은 꽃까지 피우는 놀라움을 가진 잡초다.

망초꽃

북아메리카가 원산지인 외래종이다. 망초는 조그만 갓털(관모)이 붙어 있어 바람에 날리어 번식을 한다. 망초 한 그루에 수많은 씨망태기가 있어 번식력이 뛰어나다. 망초 도입 경위는 철도공사를 할 때 철도 침목에 묻어나온 것으로 추정되는데 그 직후에 일제의 강점이 시작되었다. 그 당시 사람들의 눈에는 전에 볼 수 없었던 이상한 풀이 논과 밭에서 보이기 시작하였고, 속도가 빠른 번식력으로 그 제거가 쉽지 않자 일본이 나라를 망치게 하려고 그 풀을 퍼트리고 있다는 소문이 돌았다고 한다. 그래서 사람들은 그 풀의 이름을 나라를 망하게 하는 풀이라고 해서 망국초亡國草라고 불렀고 그것이 변형되어 망초가 되었다는 것이다. 그 외 망초는 제초제를 쳐도 잘 죽지 않는 특성이 있어서 그런 이유로 농부들이 '이런 망할 놈의 풀!' 해서 이름이 망초가 되었다는 설도 있으나 망초라는 풀은 많은 씨앗으로 강한 번식력을 자랑하는 식물이라, 농부들의 입장에서는 여간 성가신 풀이 아니다. 망초는 논밭보다는 빈 공터, 초원 등에서 더 흔히 볼 수 있기도 하다. 잎이 어릴 때는 나물로 먹기도 한다. 한겨울에도 망초는 뿌리를 깊이 내리고 수많은 잎을 품고 버티어 낸다. 식물에서는 귀화식물 1호가 아닌가 싶다.

여름이 시작되는 유월, 모내기철에 소쩍새가 울 때쯤이면 어김없이 장관을 이룬다. 흰 꽃과 흰 꽃으로 끝없이 이어지며 묵정밭에서도 바닷가에서도 꾸역꾸역 피어났다. 바람이 일 때마다 일 원짜리 동전만 한 꽃들이 떼지어 산맥의 구름보다 더 일렁거린다. 짙푸른 성하의 산비탈에 꽃무리들은 하얀 언어를 심장에 새긴다. 그 꽃자리 위로 푼수같이 질 줄 모르고 피기만 하는 몸짓들이 무섭다. 풀꽃 중에서 봄부터 겨울이 오기 전까지 가장 오래도록 꽃을 피워내는 것은 아마 망초꽃일 게다. 사람들에게 사랑도 받지 못하면서 천지에 가득한 저 꽃들, 여름이면 농부들과의 끈질긴 싸움이다. 그럴수록 더 많이 산하를 비집고 나오는 저 하얀 무리들의 끈질긴 생명력을 누가 뭐라 하랴. 뿌리째 뽑히고 뽑혀 햇볕에 말라가면서도 실뿌리 한 가닥이라도 흙에 닿으면 그곳은 내가 살아가는 터전이 되는 것이다. 세상을 살아가는 일이라면 몸의 제일 높은 곳에다 작고 둥근 꽃잎을 내달아 계절이 다 가도록 꽃을 피워내는 것이 그들이 해야 할 일인 것이나. 긴 언덕을 따라 망초꽃 여러 억만 송이들이 마치 白衣의 억조창생이 한데 모여 사는 것 같다. 이따금 바람이 언덕을 넘어갈 때마다 꽃들의 이름을 부르며 불어가고 저 지천의 망초

꽃들에게 낱낱이 이름이 있었던가. 꽃잎을 달고 향기를 풍겨도 우리 살아가는 세상에서 제 이름을 달지 못하는 꽃들도 많다. 망국초亡國草가 되었건 "망할 놈의 풀"이 되었건 이 나라의 이름이 붙어 있으니 얼마나 다행인가. 화려하지 않아도 누가 보아 주지 않아도 삶의 충만으로 세상은 살아갈 만하지 않은가.

비 오는 날 풍경

장마철에는 인내심이 필요하다. 집안일 하는 것도 한도가 있다. 비가 멈추기를 기다리며 오전 한나절은 원고 작업을 하다가 아무렇게나 들쑥날쑥 얹혀 있는 책들을 정리하고 올봄부터 배우기 시작한 통기타 연습에 두어 시간 용케도 잘 버티어냈다. 어느 악기인들 즐겁지 않은 것이 있을까만은 기타는 나 혼자서도 즐거움을 누릴 수 있는 악기다. 그러나 기타도 몇 시간 치면 지루하다. 오후 시간이 되니 굵은 비는 멈추고 가랑비가 간간이 내렸다. 습도가 높아 기타 소리도 탁하다. 더 이상 연습하는 것을 중단하고 이쯤에서 거동을 해야 할까 보다. 더 늦기 전에 냉큼 집을 나서는 것이 상책일 듯싶다. 산책을 하루만 나가지 않아도 생활의 리듬이 깨지는 것 같다.

비가 오고 있으니 하는 수 없이 우의를 입든지 우산은 가지고 나가야 할 판이다. 따가운 직사광선을 받을 일이 없어 모자는 쓰지 않아도 되겠다. 날씨가 후텁지근하고 눅눅해서 통풍이 잘 되는 짧은 소매가 적절하리라. 소매가 짧으면 종종 습기를 피해 달라붙는 벌레들의 습격을 참아야 한다. 우리에 갇힌 짐승처럼 하루 종일 집안 구석구석을 왔다갔다 갈피를 못 잡다가 밖으로 나오니 살 것 같다. 산에서 살아서인지 조금만 갇혀 있어도 답답하고 숨이 막힐 것 같다.

집 가까이에 두어 시간 산책할 수 있는 길이 있다. 야트막한 야산을 끼고 양암에서 삼봉리 대밭뜸을 거쳐 금동 앞을 지나 가능골로 들어서면 우리 집 뒤 산으로 한 바퀴 도는 좋은 코스다. 언제라도 마음만 먹으면 찾아갈 숲이 있으니 더 무엇을 바라랴. 매일 아침 창문을 활짝 열고 짙푸른 자연과 무언의 대화를 나누며 하루를 시작할 수 있으니 이 얼마나 다행한 일인가. 성큼 가까이 다가설 수 있는 산이 곁에 있어서 좋다. 이젠 들녘이 우리 정원이라도 되는 것 같은 착각이 들 정도다.

여름 한가운데의 야산에는 온갖 동식물들이 생존을 위해서 치열하게 각축을 벌이고 있다. 날로 녹음이 더해 가는 각종 수목은 싱싱하고 풋풋한 태고의 향취를 한껏 내뿜고 있다. 비가 온다고 해서 그 강도가 결코 누그러지는 법은 없다. 형형색색의 이파리들, 싱겁게 웃자란 망초, 강인한 생명력을 지닌 한삼넝쿨 등 다양한 초목이 마구 쏟아지는 빗줄기를 온몸으로 받아내고 있다. 산책로 주변에 드문드문 피어 있는 달맞이꽃 위에도 쉴 새 없이 빗방울이 떨어진다. 숲속으로 들어서니 간간이 들리던 새소리마저 빗소리에 완전히 묻혀 버린다. 큰길 위를 달리는 자동차의 굉음도 멀어진 지 오래다.

고요가 차지하는 이 시간, 조용히 생각하며 걷기에는 지금이 오히려 안성맞춤이다. 한 손으로 우산을 받쳐 들고 미끄러운 길을 걷기가 용이하지 않아 속도를 제대로 낼 수가 없다. 그동안 바쁘게 앞만 보고 걸었던 것을 오늘은 느긋하게 천천히 걸으며 주위에 늘어선 나무며 풀이며 꽃, 벌레까지도 세심히 관찰할 수 있어서 오히려 좋다. 사람들과 어깨를 맞댈 일이 없으니 한결 마음이 가볍다. 한껏 여유를 부리며 내 마음대로 걸을 수 있어서 좋다. 다만 맑은 날 자지러질 듯 경쾌한 노래로 반겨주던 그 많은 새들이 자취를 감추어 그들의 안부가 궁금하다. 산길에서는 그들의 소리가 지루하지 않게 하는 신선함이 있다.

맑은 날 해질 녘 이맘때면 흩어져 있던 새들이 둥지로 모여들기 시작한 때라 새소리로 분주할 산길이 쏟아지는 비로 인해 풀벌레 소리 말고는 적막하다. 그렇게도 요란하게 울던 그 많은 새들은 전부 어디로 갔을까? 머슴새, 참새, 꿩 등 다른 새들은 이 장마철에 도대체 어디서 비를 피하고 있을까? 하루 이틀도 아니고 한 달 가까이 지속되는 빗속에 어디서 어떤 방식으로 젖지 않고 생명을 부지하고 있을까? 그들의 안부가 정말 궁금하다. 걱정도 팔자라더니 내가 괜한 걱정을 하는 게 아닌지 모르겠다. 참나무, 밤나무 포플러에 높이 지어놓은 그들의 둥우리가 눈에 띈다. 이 어찌 희한한 일이 아닌가. 어디에 숨어 있다가 비가 개면 나오는지 온 산이 그들의 지저귀는 소리로 요란해진다. 햇살에 젖은 깃털을 말리려 나오는 것일까. 아니면 날개가 젖어서 날아가지 못한 벌레들을 잡기 위해서 나오는 것일까. 궁금하다.

동쪽으로 나 있는 몇 가닥의 지선을 포함해서 주능선을 따라 보통걸음으로 왕복하는 데 대략 한 시간 정도 소요된다. 오늘같이 비가 오는 날에는 속도가 느릴 수밖에 없으니 상당한 시간을 더 잡아야 할 것 같다. 잠깐 동안 깊은 생각에 잠겨 걷다가 문득 정신이 번쩍 들었다. 반대편에서 다가오는 사람을 미처 살피지 못한 것이다. 상대편도 적잖게 당황한 모양이다. 엉겁결에 급히 서로 피하기는 했지만 좁은 길에 두 사람 모두 우산을 쓰고 있으니 가벼운 충돌은 불가피하다. 긴 장마에 방천이라도 났을까 싶어 논과 밭을 살피려 나온 이웃마을 아저씨였다.

진정 산을 아끼고 즐기는 사람이라면 우중이라고 어찌 산을 마다하겠는가. 오히려 비를 좇아 산을 찾는 사람도 있으리라. 감히 누가 그들을 말리겠는가. 괜히 이 빗속에 산을 찾았을까. 비는 사람의 마음을 정화시키는 마력을 지녔다. 눈에 보이는 온갖 오물과 함께 가슴을 짓누르는 번뇌, 가당치 않는 탐욕, 마음속에 켜켜이 낀 때까지 깨끗하게 씻어내 준다. 들뜬 마음을 가라앉히고 흔들리는 정신을 안정시켜 준다. 조용히 주위를 살피며 여유를 갖고 자신을 돌아볼 수 있게 한다. 더위에 지친 심신에게 생기를 불어넣어 준다. 모든 생명체가 목숨을 부지하도록 골고루 은혜를 베푸는 것도 비의 몫이다.

희뿌연 안개가 산 전체를 감싸고 있다. 짙은 운무와 쏟아지는 빗속에도 의연하게 자리를 지키고 있는 나무며 풀이며 꽃이 대견스럽다. 어느 것 하나 귀하지 않는 것이 없다. 모두가 제각기 나름대로의 조화와 균형미를 갖추었다. 단 두 개도 똑같은 법은 절대로 없다. 생명에 대한 경외심으로 가슴이 더워진다. 사정없이 떨어지는 빗방울을 묵묵히 감당해내고 있는 저 초목들은 자연이 베푸는 은혜에 감사하고 있으리라. 생명의 원천이니 얼마나 고마울까. 때 맞춰 축축하게 비를 뿌려주는 보이지 않는 큰 힘이 놀랍다. 나약한 인간이 감히 범접할 수 없는 위대한 자연의 섭리 앞에 저절로 고개가 숙여진다.

농로 도처에 널려 있는 물웅덩이를 피해 조심스럽게 발을 옮기기는 했지만 어느새 신발 속에 물이 흥건하다. 물기 머금은 풀잎이며 나뭇잎을 어찌 일일이 피할 수가 있으랴. 아니 일부러 피하지 않았다는 것이 옳을 것 같다. 애당초 집을 나설 때 이미 각오를 단단히 했던 바이다. 여름철 옷 젖는 일이라면 까마득한 옛적부터 익숙한 일이니 구태여 개의할 바도 아니다. 장대비를 맞으며 들로 산으로 마구 뛰어 다니던 이력이 있으니 무슨 걱정이랴. 무더운 여름일수록 시원한 소나기는 오히려 반갑기 그지없는 손님이다. 강렬한 태양 광선에 잔뜩 달구어진 대지를 식혀주고, 이마며 등줄기에 흐르는 땀을 씻어주니 이만 한 선물이 또 어디 있으랴.

비 오는 날에는 평소보다 해가 일찍 진다. 집을 나선 지 한 시간이 지났다. 오후 여섯 시도 되지 않았는데 땅거미가 내리기 시작한다. 운무 속에 갇힌 호젓했던 산길이 어둑어둑해진다. 인적은 더욱 드물어지고 적막감만 더해진다. 그래도 나뭇잎이며 풀숲에 떨어지는 단조로운 빗소리만은 여전하다. 간간이 부는 바람이 사납지 않으니 다행이다. 내 앞을 가로질러가는 긴 물체, 뱀이 저도 놀랐는지 방향 없이 꾸물댄다. 혼자서 뱀을 만나면 그날은 내가 절반 죽는 날이다. 손발이 싸늘해지면서 떨리기 시작했다. 이쯤에서 발걸음을 돌려야 할까 보다. 지금 당장 부지런히 걸어도 족히 삼십 분은 걸릴 것 아닌가. 주위가 완전히 어두워지기 전에 서둘러야겠다. 뱀을 만난 뒤부터 더 이상 감상에 젖어 있을 여유가 없어져 버렸다. 급한 마음으로 걸음을 재촉하다가 일순간 흠칫 놀라 걸음을 멈추었다. 길 한복판에 뭔가 까만 물체가 눈에 확 들어왔다. 하마터면 귀한 생명을 밟을 뻔했다. 어찌 이리도 겁이 없을까? 사람이 지나가도 도대체 피할 생각을 하지 않는다. 자세히 살펴보니 엄마 따라다니다가 놓친 어린 꿩 새끼다. 언제부터 비를 맞았는지 온몸이 흠뻑 젖어 작은 깃이 몸통에 착 달라붙었다. 둥지를 떠나 독립할 때가 되어 떠밀려나온 것일까. 어디선가 그 어미가 지켜보고 있을지도 모른다는 생각에 괜히 조심스럽다.

동물의 세계인들 어찌 수월하겠는가? 생존을 위해서 피눈물 나는 학습과 혹독한 훈련을 거쳐야 한다. 인간이 오히려 배울 점이다. 생후 일정한 때가 되면 품속에 기르던 귀여운 새끼도 가차 없이 둥지에서 밀어낸다. 새들의 훈련은 엄정하고 가차 없다. 어미가 상당한 거리의 풀숲에서 먹이를 물고 앉아 새끼가 도로를 걸어서 건너오도록 유도한다. 비정하기 짝이 없어 보이지만 이렇게 하는 것이 자식의 장래를 위하는 올바른 길이다. 자식 일이라면 물, 불을 가리지 않고 무조건 감싸는 인간들이 본받을 일이다. 몇 발자국 걸어온 뒤 돌아보니 무슨 조화인지 그 사이에 새끼 세 마리가 더 늘었다. 같은 둥지에서 함께 자란 형제인 듯하다. 이제 넷이 되었으니 서로 합심하여 해결책을 찾을 것이다. 내가 걱정할 이유가 없어졌다. 발걸음이 가볍다. 이미 어미를 따라 먼저 간 새끼들이 있을 것이다.

가늘게 내리던 빗줄기가 장대비로 변했다. 날은 저물어도 빗줄기는 멈추지 않는다. 하늘에 큰 구멍이라도 뚫린 듯 장대비가 쏟아진다. 푸르스름한 운무가 빗줄기들 사이에 너울너울 춤을 춘다. 나뭇잎을 때리는 요란한 소리와 우산을 때리는 소리가 같은 음이다.

우산을 비껴 든 채 걸음을 멈추었다. 자연이 부리는 다양한 조화에 잠시 몰입한다. 물아일체物我一體라고 하지 않았던가. 내가 비요 비가 나이며, 내가 나무요 나무가 바로 나인 것이다. 피아의 구별이 없으니 구태여 주객을 따질 이유도 없다. 오늘 장대비 속에 우산을 받쳐 들고 걸은 두 시간 남짓의 산책은 오래 기억에 남을 것 같다. 잠시나마 세속의 번뇌를 잊을 수 있어서 좋았다. 나 자신을 찾고 자연과 동화될 수 있는 소중한 시간이었다. 비가 와서 오히려 발걸음이 가볍고 경쾌한 저녁나절 소중한 한때였다.

“뭣허게 문 잠근다요.”

성수산, 높지도 낮지도 않은 산이지만 이름 치고는 자못 거창하고 심오하다. 산이 지니는 맛과 멋은 그 높이나 산세山勢와는 무관하다. 낮으면 낮은 대로 높으면 높은 대로 골이 깊으면 깊은 대로 얕으면 얕은 대로 산은 거기에 맞는 품위와 골격을 갖추고 있기 때문이다. 이름난 산만이 산이 아니다. 들 가운데에 있는 작은 산도 가볍게 할 수 없는 위엄과 존재가치를 지닌다. 성수산은 아기자기한 경치와 맛깔나는 전설도 있어 많은 사람들로부터 사랑을 받는다. 왕왕 문필가들의 글감이 되어 시가 되고 수필이 되고 소설이 되기도 한다.

상이암 절 이름도 이색적이다. 소박한 당우堂宇가 산을 많이 닮았다. 산속에 현대식으로 지은 해우소解憂所가 어쩐지 절집과 잘 어울리지 않는다. 이 절에 우리 고장을 대표할 만한 고승이 속세와 떨어져 칩거蟄居하고 있다. 등산객들은 으레 산사를 찾는다. 사람들의 발길이 줄곧 이어질 텐데 수행에는 지장이 없는지 그것부터가 궁금하다. 하기야 스님은 그런 것쯤 이미 초월하여 별 의미 없을 것이다. 중생이 어찌 스님의 중용의 깊은 뜻을 알리요. 동효 스님은 조용조용 이야기 실마리를 풀어 놓는다. "중생을 구제하는 것이 절에서 하는 일인데 사람을 멀리하면 아무 쓸데없는 일이지요. 마지막 절집에서도 사람을 싫어하면 그들은 어디로 갑니까." 하신다.

점심 공양 시간에 음식이 있으니 파리가 어지럽게 날아다녔다. 장난기가 발동하여 "이 파리를 잡으면 살생인가요." 했더니 "아따 식사나 허시오 어지럽소." 일축하신다. 알아서 해석하라는 의미다. "스님은 왜 외지로 출타하실 때 방문을 잠그지 않는가요?" 하고 또 다시 질문을 드렸다. "절집에 부처님 계시는데 뭐가 걱정이다요? 구태여 문을 잠글 이유가 없지라." 라고 대답하신다. "그라고 나 없어도 등산하고 들어와 배고프면 밥해서 드시오이." 하신다. "아니 시주는 못하나마 어찌 절집 양식을 축낸다요." 했더니 스님 왈 "산속 중이 먹으면 얼마나 먹는다요. 그라고 나눠야 또 채워지제." 하신다. 나눔의 진리, 깊은 참선으로 수행하신 스님다운 말씀이다. 대문이며 창문이며 문이란 문은 온통 이중삼중으로 걸어 잠그고 스스로 만든 감옥에 갇혀 살고 있는 내 모습이 부끄럽다.

연화봉으로 올라가는 등산로는 산세가 참으로 거칠고 험하다. 바닥에 수북이 깔려 있는 참나무 마른 잎도 인상적이다. 일행이 밟고 지나가며 내는 소리로 인해서 대화가 끊어져도 좋다. 사각사각 경쾌한 낙엽 소리가 오히려 분위기를 밝게 한다. 나무마다 지닌 속성이며 그 이름에 얽힌 내력과 그들이 자연에 순응하여 생존해가는 지혜를 듣고 있노라니 나무가 나무로 보이지 않고 감히 범접할 수 없는 엄숙한 존재로 다가선다. 산 능선에 이르니 무수히 앞서 지나간 사람들의 발길이 대로같이 넓은 흔적으로 남았다. 흙길에는 나무뿌리까지 거미줄처럼 앙상하게 드러났다. 사람의 발걸음이 이다지도 무서울 줄이야. 12월 초순답게 날씨가 제법 쌀쌀하건만 오르내리는 사람들의 행렬이 쉼 없이 이어지고 있으니 어찌 나무며 풀이며 짐승들이 온전하겠는가. 나 또한 그들을 괴롭히는 또 한 사람인 것을 어찌하랴.

등산객들이 지르는 함성에 산속의 온갖 생명체들은 깜짝깜짝 놀랄 것이다. 그들의 무자비한 발아래 애꿎은 풀잎은 처참하게 찢기고 일그러질 것이다. 산을 오르내리며 일으키는 먼지는 잎사귀에 내려앉아 햇빛을 차단하여 생육을 방해할 것이다. 등산객들이 오가며 무심코 만지는 연약한 잎이나 새순은 언제 생채기가 날지 몰라 전전긍긍하리라.

잠시나마 세상사 복잡한 모든 시름 잊고 유쾌하게 이야기꽃을 피우며 내려오는데 등산로 바로 옆 풀 섶에서 후드득 산꿩이 날아오른다. 적잖게 놀라긴 했지만 끝없이 이어지는 인간들의 심술에도 용케 견디며 보금자리를 지키고 있으니 그 생명력이 참으로 대단하다. 눈에 보이지 않지만 부디 다른 짐승들도 못난 인간들을 탓하지 말고 자신들의 터전을 굳게 지켜주었으면 한다.

산이 좋아 산을 찾지만 그로 인해 산이 겪는 고통을 외면하지 말아야 한다. 자연을 있는 그대로 내버려두는 것이 자연에 대한 최고의 대접이다. 나무에 대한 해박한 시식으로 유명한 원로 교육자는 자라나는 모든 나무에 절대로 손대지 말라고 신신당부한다. 전지剪枝는 일본에서 건너온 관습으로 우리나라에는 원래 없었던 일이란다. 모든 식물은 스스로 주위 여건에 대한 적응력이 있어 가만히 놔둘 때 최상의 상태로 자라게 된다는 것이다.

주위를 둘러보니 참나무가 주종을 이루고 있다. 지난가을에는 꿀밤이며 도토리가 온 산을 뒤덮었으리라. 날이 가물면 가루받이가 원만하여 열매가 많이 열려 농민들의 부족한 양식을 보충해주고, 반대로 장마가 길어지고 궂은 날이 많아지면 수정이 불규칙해서 결실의 열매가 부실해진다. 대신 농사가 풍년이니 농민들이 구태여 도토리나 상수리 등을 찾아나설 필요가 없게 된다. 자연과 인간은 결국 상호보완적 공생 관계일 수밖에 없음을 깨닫게 된다.

사람을 이야깃감으로 삼으면 헐뜯고 욕하고 시기하는 말들이 난무하게 마련이지만, 나무에 대해서 이야기하면 그런 험담은 아예 없어진다. 정말 가슴에 와 닿는 의미심장한 말이다. 사람은 나이 들면 추하고 흉해져 괄시받고 천대받기 쉽지만, 나무는 나이 들수록 더욱 아름답고 위엄이 있어 오히려 더 큰 사랑을 받게 된다. 철없는 우리 인간들이 명심할 일이다. 그렇다고 어찌 세월만 탓하며 노력하지 않고 가만히 앉아서 노년을 맞을 수 있겠는가.

산은 언제 올리도 밀이 없다. 누가 올라도 탓할 줄 모른다. 아무리 괴롭히고 할퀴어도 성낼 줄 모른다. 그러나 속내는 그렇지 않다. 겉으로 태연해 보일 뿐 그들의 보복은 서서히 진행되고 있다. 인간이 뿌린 재앙의 불씨는 결국 인간에게로 돌아오게 된다. 오늘날 세계적 관심사로 떠오른 지구온난화 문제가 바로 대표적 사례이다. 다행히도 이 문제를 해결하기 위해서 유엔을 비롯한 많은 국가들이 팔을 걷어붙이고 나섰으니 지켜볼 일이다.

화려하지 않으면서도 제 몫을 다하는 산, 누구나 쉽게 오를 수 있는 산, 크게 높거나 산세가 험하지 않아서 평지를 걷듯 아무나 부담 없이 오를 수 있는 산, 그래서 있는 듯 없는 듯하면서도 친숙하고 가까운 산, 성수산은 바로 이런 산이다. 언제나 찾아가면 아무 말 없이 무덤덤하게 맞아주는 산, 비가 오나 눈이 오나 항상 거기에 그대로 있어서 모두에게 마음의 안식을 주는 산이 친구처럼 지척에 있어서 좋다.

생활에 고달픈 영혼에게 안식을 주고 사시장철 맑은 공기, 선선한 풀냄새, 해맑은 새소리, 상큼한 꽃향기를 제공해주는 산을 우리는 과연 어떻게 대하고 있는가. 산이 말이 없다고 해서 과연 생각까지도 없을까. 아무리 편하고 부드러워도 산은 산이다. 자연에 대한 경외심, 삼라만상에 대한 배려가 없으면 인간은 스스로 재앙을 부르게 된다. 자연이 베풀어주는 한없는 은혜에 감사하고 분수를 지켜 유유자적悠悠自適하는 삶이 그립다.

일요일 오후 한나절 자연과 나눈 멋진 대화였다. 오늘 짧은 시간이지만 이제부턴 아무 때나 불쑥 찾아와도 외면하지 않을 것이다. 서먹서먹하지도 않으리라. 세상사 모든 일이 다 그러하듯이.

캄보디아 여행

오랜 내전으로 나라가 흥하지 못하고 가난을 면치 못하는 캄보디아, 오랫동안 다른 나라와 교류하지 않고 문을 닫고 살다가 몇 년 전에 개방을 하여 왕래가 시작되었다. 국토 전역이 불탑으로 조성된 나라, 캄보디아 앙코르와트는 7대 불가사의 사원으로 세계문화유산으로 지정되어 있다. 베트남에서 발원한 메콩 강을 중심으로 광활한 지역에 약 2,500년 전부터 불교가 꽃피었다. 이곳은 현대와 과거가 함께 존재한다. 앙코르와트는 캄보디아의 상징이며 불교문화의 총 집결지라고 해도 과언은 아니다. 좀더 일찍 문호를 개방했더라면 지금처럼 가난하게 살지는 않을지도 모른다.

2,500년 전부터 어떤 현대식 중장비도 없이 노역으로 돌로만 지은 탑과 사원들이 많다. 사원 안에는 크고 작은 길들이 마치 미로처

럼 구불구불 휘어져 있어 돌고 돌다 멈추면 다시 제자리이다. 캄보디아는 98%가 불교이며 정령 숭배적인 요소가 매우 강하다.

캄보디아를 여행했던 목적은 그들의 문화와 생활 모습을 보기 위함이다. 임실지역다문화가정센터에서 한글교육을 담당하면서 캄보디아 이주민들과 소통이 원활하지 못했다. 요즘 베트남과 캄보디아 여성들이 국제결혼을 통해 많이 들어와 있다. 그들의 언어도 생소하고 문화도 잘 몰라 이해하기 어려웠다. 마침 여행할 기회가 와서 그들의 나라를 알기 위해 그들의 나라로 여행을 갔었다.

비행기 안에서 내려다보는 캄보디아 씨엠립은 한눈에 녹색정원이다. 푸른 정글에는 하얀 길이 구불구불 뻗어 있고 어느 산 물줄기인지 모르지만 폭포 같은 허연 물줄기가 간간이 보인다. 이 나라는 아직 미개발지역이라서 공장도 많지 않을 텐데 마치 운무가 끼인 듯 온통 잿빛이다. 자세히 살펴보니 내리비치는 햇빛이 강해서 대지가 달구어져 마치 열을 뿜어내는 것처럼 보인 것이다.

7시간의 긴 비행을 하고 새벽 2시 공항에 내리자마자 열대지방답게 고온 다습한 높은 열기가 확 몰려왔다. 공항 보안도 허술하다. 한국 사람이 볼 때 직원들의 모습이 별 사명감 없이 게으르게 보였다. 승객들이 거의 빠져나가고 마지막까지 화물을 기다리는데 이게 어찌된 일인가? 여행자들의 가방을 실어내고 있는 컨베이어는 꽤 시간이 지났는데도 더 이상 짐은 올라오지 않고 헛바퀴만 빙빙 돌고 있는 게 아닌가. 우리 일행은 마중나온 여행사 직원에게 항의를 했다. 왜 우리 가방이 나오지 않느냐고. 직원은 공항에 알아본 결과 인천공항에서 베트남 화물이 많아 우리 것을 빼냈다는 사실을 알았다. 어쩔 도리가 없었다. 예약된 호텔에 도착을 했지만 두터운 겨울옷에 기가 막혔다. 한국에서는 겨울이라 모두 두터운 겨울옷을 입고 갔는데 섭씨 35도 날씨에 겨울 방한복을 입고 있으니 더워 죽을 지경이었다. 여행사 직원이 죄송하다는 말을 거듭하는데 어떻게 할 것인가.

더워서 어떻게 다닐 수가 없어 일행들은 여행사 측에 계속 항의를 했다. 공항에 알아본 결과 다음날에 여행 가방이 도착한다고 했다. 여행사 사장은 일단 수습을 하자는 의미인지 재래시장으로 우리 일행을 데리고 가면서 우리나라 돈으로 만 원 선에서 옷을 사 입으라고 했다. 25명이 한꺼번에 시장 안 옷가게로 들어가서 옷을 고르니 외국인이라고 생각해서인지 비싸게 가격을 불렀다. 사장은 점원들에게 소리치며 바가지 씌우면 그냥 간다며 으름장을 놓았다. 모두 캄보디아 의상으로 골라 그 자리에서 갈아입었다. 더위에서 벗어나니 살 것 같았다. 그런데 캄보디아 의상으로 입고 보니 모두 그쪽 나라 사람들과 다를 바 없었다. 서로 보면서 웃고 또 웃었다. 의상을 해결하고 시내투어에 나섰다.

들녘엔 농작물들이 질서가 없다. 1년에 2모작, 3모작을 하기 때문에 한곳에서는 모내기를 하고 한곳에서는 벼베기를 하는 곳이 많았다. 기계가 발달하지 않아 모두 수작업으로 한다. 그들은 노력만 하면 양식 걱정은 안 해도 살 수 있을 만큼 넓은 면적을 가지고 있으나 땅을 놀리면서도 많은 농사를 짓지 않는다. 또 쌀을 많이 생산해도 다른 나라로 수출할 곳이 없다고 했다. 정부의 외교 활동이 부진한 탓이다. 북한처럼 세습정치를 하고 있다. 대형으로 대통령 부자

간의 사진이 곳곳마다 걸려 있다. 하기야 크메르라는 공산국가에서 벗어난 지 얼마 되지 않았는데 쉽게 문호를 개방한다는 것에 좀더 인내가 필요하리라 싶다. 문화재들이 주변에 가까이 있는 듯하지만 도보로 이동하며 관광을 하기에는 많은 시간이 걸려 버스로 이동을 했다. 맨 먼저 앙코르와트 사원에 갔다. 첫눈에 거대한 돌무더기로 쌓은 불가사의한 이 건물은 수천 년 백성들의 피와 땀으로 만들면서 얼마나 많은 희생자를 냈을까 하는 생각에 잠시 그들을 위해 나 혼자 묵념을 했다. 앙코르와트 내부는 어둠으로 둘러싸여 있다. 전기를 이용한 전구는 하나도 없었다. 전기시설은 아예 없다. 어둑한 것이 사원의 매력이다. 간간이 천장에 구멍을 내어 빛이 들어오게 만들어 놔서 희미하게나마 내부를 둘러볼 수 있다. 천장과 벽에 섬세한 조각들이 무척 화려하다. 캄보디아 신화가 한곳에 그대로 벽화로 새겨져 있어 이해하기에 부족함이 없다. 대부분 크메르족은 불교 신앙에 곁들여 초자연적 존재인 '네악 타(neak taa)'를 믿는다. '네악 타'는 죽음의 영도 될 수 있으나 항상 살아 있는 영으로 간주된다. 그 영은 적절한 경의를 표하면 해를 받지 아니하나 그렇지 않으면 질병이나 가뭄을 가져온다고 믿고 있다. 우리나라처럼 문화유적 해설사들이 각 나라 언어로 설명을 해 주고 있었다. 1:1로 해설을 받기도 하고 단체로 받기도 했다. 일본어, 영어, 중국어로 설명을 하는데 우리나라 언어로 해설하는 해설사는 없었다. 아쉬웠다. 이 사원은 불교와 힌두교의 혼합된 영향을 받은 것 같다. 좁은 계단을 따라 들어가면 세계문화유산으로 지정되어서인지 손 짚을 만한 돌들은 오랜 세월 손때가 묻어 윤기가 반질반질했다. 이 나라는 남녀 모두가 치마를 두르고 다닌다. 사원 밖에서 해설하는 해설사들은 여자인지, 남자인지, 구분이 되지 않을 정도로 아주 검게 그을려 있다. 돌을 쌓아 부처의 얼굴을 그대로 표현해 놓은 부처상을 보고 놀랐다. 그 잔잔한 미소까지 만들어 내는 그들의 예술적 재능에 감동이 밀려온다. 다른 유적지를 찾아갔다. 들녘에 솟아 있는 크고 작은 탑들은 가도가도 끝이 없이 세워져 있다. 불교 경전분쟁으로 잡혀온 소수민족의 몬족왕이 3년간 갇혀 살았다는 남파사원으로 들어갔다. 가이드는 손전등을 비춰가며 동굴 내부 그림을 설명하기에 바쁘다. 오후에 일몰을 보기 위해 시간 맞춰 규모가 제일 높고 사방이 트인 맨 끝에 올라갔다. 각국 관광객들이 때 맞춰 모여들기 시작했다. 급경사여서 몸을 최대로 낮추고 엎드려 후들거리는 다리로 겨우 올라가 보니 전경 속에 지평선으로 기울어지는 노을과 들판의 수많은 불탑들이 어우러져 장관이었다. 그 황홀경은 세계 어디에서도 유례없는 가경이었다. 나는 세계인들 속에 끼여 그들과 함께 셔터를 눌렀다. 관광객들은 각국 언어로 광경을 표현했다. 도시 전체가 불교유적으로 가득 찬 거대한 사원 숲으로 이뤄졌다. 불탑은 정글 속이나 들판이나 도시 그 어느 곳에서도 셀 수 없이 많다. 하나하나에 그 민족의 불심이 배어 있어 불탑 앞에 서면 인간은 나약해지고 숙연해지기 마련이다. 긴 세월 동안 그 위용을 지키고 있는 탑들의 모습 속에서 이 땅을 지켜온 것은 인간이 아니라 수천 개의 탑이라는 생각이 들었다. 돌로 쌓은 사면의 부처는 온화한 미소로 두루뭉술한 인상이다. 돌을 쌓아 부처의 미소를 어떻게 만들어냈단 말인가. 또 어느 사원으로 가자 매미소리가 너무 시끄러워 옆 사람과 대화를 할 수 없을 정도였다. 나무뿌리가 사원으로 뻗어 사원이 허물어지고 마치 괴물이 휘감고 있는 듯했다. 내전으로 그냥 방치를 해서 다시 보수공사를 한다 해도 원상 복구는 엄두도 못 낸다고 했다. 길옆으로 몇 사람씩 모여 악기를 연주하고 있다. 그들은 지뢰를 밟아 다리가 절단된 사람들이 많았다. 산은 온통 지뢰밭이라고 했다. 오랫동안 사람들을 겪어서인지 눈치 빠르다. 우리가 지나가니까 아리랑을 연주했다. 통 속에 동전을 넣어 주었다. 국민의 95%가 신봉하는 불교의 영향으로 사람들은 순박하며 자원이 풍부하여 자급자족으로 살아간다. 급변하는 생존경쟁에는 좀 뒤질지 모르지만 오염되지 않은 순수한 마음은 자연으로 돌아가는 바로 그 마음이 아닐까 싶다.

톤레샵 강 주변에 수상 가옥은 관광객들에게 호기심을 불러일으킨다. 그 강에서 빨래하고, 배설하고, 음식을 만들어 먹고 또 물고기를 잡아 생계를 유지하고 있다. 이들은 이 생활에 면역이 되어 크게 병들지 않고 건강하게 살아간다고 했다. 7~8세 되는 아이들이 자그마한 고무 통에 몸을 담고 노를 저으며 유람선 관광객들에게 물건을 팔고 있다. 주로 바나나, 야자 과일을 판다. 베트남에서 홍수로 물이 불어나면 메콩 강이 넘쳐 씨엔립으로 범람하여 도시가 물바다가 된다고 한다. 이때 수많은 물고기들이 물을 따라 내려오기 때문에 집집마다 마당 한쪽에 웅덩이를 만들어 놓고 물이 빠지기를 기다린다. 물이 빠지면 많은 물고기들이 남아 있어 쉽게 잡을 수 있다고 했다. 그래서인지 집들이 모두 우리나라 원두막처럼 높다. 호수에 열대림 숲으로 둘러싸인 톤레샵, 강의 둘레가 우리 전북의 땅만

큼이나 넓다고 했다.

그들은 시력이 나빠도 아직도 안경 쓰는 것을 두려워한다. 크메루즈가 지식인이라고 생각되는 사람들은 무차별 살해를 했다고 한다. 지금도 거울 보는 것도 두려워한다. 항상 뒤에는 보이지 않은 그림자가 따라다녀 매사를 감시당하기 때문에 거울 보는 것을 꺼려한다고 했다. 20년이 넘도록 그들은 전쟁에 시달려 왔기 때문에 아직도 두려움의 대상이다. 1975~1979년 사이 수많은 캄보디아 승려들이 크메르루즈에 의해 살해당했으며 3천 개가 넘는 절들이 파괴되었다. 통계상으로는 백만이고 비공식적인 숫자는 이백만이 넘는다고 했다. 그들의 유골이 사방으로 트인 유리관 속에 보관되어 있어 내전을 실감하게 했다. 기후는 전형적인 열대 기후로 10월 중순~5월 초의 건기와 5월 중순~10월 초의 우기로 나뉘어진다. 건기는 비교적 서늘한 11~2월과 더운 3~5월로 나뉘어져 앙코르와트를 방문하는 관광객은 12~1월에 많다. 식생은 주변 산지에 밀림이 우거져 있을 뿐 다른 지역은 관목과 초원이 혼합하는 사바나의 경관을 이룬다. 중앙평원은 제1의 농업지역으로 대부분은 논농사가 이루어지고 있다. 기후가 자연식생에 적합하며 동물로는 코끼리, 야생물소, 호랑이, 퓨마, 표범, 곰 등과 수많은 작은 짐승들이 있으며 특히 코브라, 왕코브라, 줄무늬크레이트(코브라의 일종), 러셀 등 위험한 독사가 많다. 우리는 미리 준비한 옷과 노트 등 여러 가지 필수품을 고아원을 방문해 아이들에게 모두 주었다. 입고 있는 옷 외에 모두 그들에게 주고 나니 가방이 텅 비었다. 아이들은 겨울옷도 여름에 입고 다닌다. 입지 않은 옷을 더 많이 가져갔으면 좋았을 걸하는 아쉬움이 남았다. 카메라맨이 한국말을 가르쳐 달라고 졸라댔다. 요즘 한국 사람들이 여행을 많이 온다면서 몇 마디 인사말을 알려 달라고 했다. 간단히 내 설명을 하고 몇 가지 쉬운 인사말을 전해 주었다. 한국에 가서 일하고 싶다면서 자기들을 초대해 달라고 한다. 그렇다고 대답을 할 수도 없어 눈웃음으로 대신했다. 긴 여정의 시간 모두 쓰고 귀국했다. 일행은 모두 공항에서 다시 겨울옷으로 입고 각자 자기 집으로 돌아갔다.

예절 교육

경남 하동 청학동에서 예절수업을 받고 있던 초등학교 학생들이 조선시대 성균관 유생들처럼 도포와 유건 차림으로 초록이 우거진 산길을 가로질러 지나가는 모습을 보았다. 멀리서 카메라 셔터를 눌렀는지 아이들의 표정을 읽을 수는 없었지만, 그 신선한 화면을 보면서 한동안 생각에 잠겼다. 우리 것을 찾고 예의와 도덕을 바로 세우고자 하는 노력이 사회 어디에선가 지속되고 있다는 점이 많은 생각을 하게 하였다.

인간사회에는 구성원들이 서로 피해를 주지 않고 질서정연하게 살아가도록 하기 위해 규범과 도덕을 두었다. 장구長久한 세월 동안 공동생활을 영위하면서 굳어진 관습과 풍습도 많다. 조선시대를 관통한 대표적 가치와 규범은 유교였다. 수백 년간 유교적 사고방식과 예법을 지켜온 나머지 모든 것이 민주화되고 시장경제가 지배하고 있는 지금까지도 그 영향이 곳곳에 남아 있다. 겉으로는 자유분방하고 개방적인 모습을 하고 있지만, 속을 들여다보면 아직도 그 옛날의 사고방식이 우리 사회 저변에 두껍게 깔려 있음을 알 수 있다. 요즘은 매스컴에서 이효리가 방송 중에 추워서 둘러쓴 모포가 유행하여 너, 나 할 것 없이 아이들이 밖으로 나와서도 뒤집어쓰고 다닌다. 난 처음에 애기 엄마가 애기 추울까 봐 덮어쓰고 나온 줄 알았다. 알고 보니 유행이었다. 예의를 지켜야 할 결혼식장까지 모포를 뒤집어쓰고 온 아가씨가 있어 기성세대들에게 곱지 않은 눈총을 받은 적이 있다. 몸에 착 달라붙는 내의 같은 바지를 입고 근육맨처럼 울퉁불퉁한 몸매로 거리를 행보하는 풍경도 종종 볼 수 있다. 요즘 유행 패션이 우리가 지켜온 예절을 무색하게 만든다.

또 모 방송에서 연예인들이 농촌체험을 하는 프로그램을 보내고 있다. 그들이 입는 옷은 그대로 현 실정에서 농사일을 하면서 입는 말 그대로 촌스러운 옷을 연예인들이 입고 나와 그 의상이 많이 팔리고 있다는 이야기도 있다.

오늘날 일부 학부모들 사이에 학교교육이 제구실을 못한다는 소리가 높다. 어디 한 번 생각해 보라. 학교 교육으로 하여금 제대로 기를 펴지 못하도록 하는 요소가 구석구석에 도사라고 있지 않는가. 장유유서의 유교적 질서 속에 대가족 단위로 생활할 때는 인성교육이 따로 필요 없었다. 손자가 할아버지 밥상에 앉아 식사를 하면서 식탁예법을 배웠고, 아버지와 삼촌이 웃어른을 깍듯이 공경하는 모습을 보면서 저절로 질서를 익히고 염치를 터득했다. 특별히 가르치지 않아도 이웃 어른을 보면 공손히 인사를 올려야 한다는 것을 스스로 깨치던 시대였다.

시속時俗이 바뀌어 부부 중심의 핵가족 체제가 정착되면서 가정의 교육적 기능은 근본부터 흔들리게 되었다. 부모 모두가 직장에 나가는 집이 대부분이라 아이들에게 모범을 보일 기회조차 없다. 살아가기 바빠 얼굴을 대하기도 어려운 상황이 되었으니 어찌 예절을 배우고 남을 배려하는 여유를 가질 수가 있겠는가.

예전에는 엄격한 위계 아래 여러 형제가 부대끼며 자라다 보니 가정이 사회성을 기르는 최적의 교육장이었다. 서로 양보하고 경쟁하면서 모서리가 깎이고 인격이 다듬어져 어려운 여건 속에서도 참을 줄 아는 성품을 길렀다. 그러나 그런 역할이 미약해짐에 따라 자신만 알고 남을 배려할 줄 모르는 철없는 아이로 자라나게 되었다. 공공장소에서 아이가 시끄럽게 떠들고 소란을 피워도 부모가 방치하고 일체의 제재를 가하지 않는 경우를 자주 본다. 보다 못해 주의를 주면 "왜 남의 자식 기를 죽이냐."며 따지고 대든다. 요즘 젊은 엄마들의 현실이다. 작은 질서와 예절조차 지킬 줄 모르는 철부지를 길러 도대체 어쩔 셈인지 정말 딱하다.

일전에 신문사 취재 관계로 지사면에 있는 서원을 찾을 기회가 있었다. 이곳에는 서원이 세 곳이나 있었다. 웅장하고 장엄하지는 않지만 풍광 속에 기품 넘치는 전통 건축물로 되어 있어 우리 것을 지키고 가꾸어온 선조들의 지혜를 엿볼 수 있었다. 자연과 하나 되어 심신을 단련하던 숨결을 느낄 수 있었다. 허물어져 가는 교육기관을 부활시켜 국가적 동량의 산실로 소생시킨 퇴계의 탁월한 안목과 나라의 앞날을 내다보는 혜안이 실로 경이롭다. 과연 그의 뜻과 같이 영천서원, 관곡서원, 주암서원은 걸출한 인재를 수도 없이 길러내어 인재양성의 요람이요, 명실상부 민족혼을 연마하는 교육장이 되었다. 선비들은 책 속에만 묻혀 있지 않았다. 국가의 운명이 누란의 위기에 처할 땐 분연히 일어나 몸을 던져 구국의 대열에 동참했다. 계급의식 등 여러 가지 한계에도 불구하고 유학은 국민을 계도하고 국가의 질서를 바로하며 구국안민의 정신을 키우는 데 크게 기여했다.

아쉬운 점은 서원이나 향교 건축 과정에서 민족문화의 보고寶庫로서 오랜 세월 보존되어 내려온 사찰을 철저하게 훼손하고 수많은 문화재를 마구 짓밟아 버린 일이었다. 미려하고 우아한 건축미를 지닌 당우가 헐려나가고 전통문화의 정수精髓인 값진 예술품이 망실 또는 소실되었다. 어려운 상황에서도 그나마 지사면의 여러 서원은 잘 보존되어 있다.

우리나라에는 시대 변화와 함께 종교 백화점이라 할 만큼 온갖 종교들이 들어와 공존하고 있다. 문호개방의 역사가 우리보다 훨씬 앞선 일본과 비교해 봐도 우리나라가 외래종교에 대해 얼마나 개방적이고 포용적인지 알 수 있다. 그 어떤 종교도 이 땅에 들어와서 배척당하거나 다른 종교와 갈등을 빚어 뿌리를 내리지 못하는 일은 없다.

봉건군주주의를 지탱하고 명맥을 유지하는 데 유교만 한 무기가 없었다. 임금과 사대부에 대한 무조건적 복종과 충성을 근간으로 하고 있었으니, 기득권 세력이 지위를 유지하고 특권을 영원히 향유하기 위한 장치로 안성맞춤이었다. 불가에서는 부처가 따로 없고 스스로 노력하면 모두가 부처의 경지에 이를 수 있다고 말한다. 지극히 능동적이고 진취적인 가치관 덕분에 민중 속에 굳건히 뿌리내릴 수 있었다. 조선 개국 초기 신흥 정치세력들은 취약한 권력기반을 공고히 하기 위해 당시 사상적 기반이었던 불교를 뿌리째 흔들 필요가 있었다.

오늘날 학교교육에 대한 말들이 많다. 국민들의 기대 수준은 한없이 높은데 반해 이를 충족시킬 만큼 공교육이 따라가지 못하고 있으니 탈이다. 내 자식은 어떤 제도하에서도 옆집 아이를 이겨야 한다. 일류대학을 나와 남들이 부러워하는 멋진 직장을 얻어 평생 기죽지 않고 살 수 있게 해야 한다. 이런 막중한 임무를 지닌 부모에게 무슨 말이 더 필요할까.

일류대학을 나오지 않아도 아니 대학이 어디 있는지 몰라도 한 분야에 탁월한 기술만 있으면 괄시받지 않는 사회가 된다면 누가 기를 쓰고 대학에 진학고자 모든 것을 걸겠는가. 모든 문제는 사회 전반의 가치관에 달려 있다. 교육도 사회현상의 한 부분이니 그 문제에 대한 해결책도 사회라는 큰 틀 속에서 찾아야 한다. 왜곡된 가치관과 직업관을 그대로 둔 채 제아무리 새롭고 기발한 제도를 내놓아 봤자 효력을 발휘하지 못하고 그대로 주저앉아 버리게 마련이다. 사회현상이나 그 구성원들의 통념과 유리된 교육은 결코 있을 수 없다.

당연히 가정에서 맡아야 할 역할을 학교에 떠맡기고 불평을 늘어놓아서는 안 된다. 학교와 학부모가 함께 교육을 하는 것이다. 학교도 나름대로 최선을 다하고 있을 것이다. 역할을 다하려 해도 제반 여건이 허락하지 않을 때도 있을 것이다. 산뜻한 도포에 유건을 쓰고 산책 길 사이를 천진난만하게 달리던 그 학동들이 모처럼 익힌 우리의 전통예법을 오롯이 이어나갈 파수꾼이 되었으면 한다.

겨울 단상

겨울 대지가 명상에 든다. 송림이 설원을 거느리고 희고 조용한 밤을 건너가고 있다. 강이 말을 버린 그 후 강안에서 겨울새들은 종종대며 작은 발자국으로 무수한 노래를 찍어내고 있다. 멀고 먼 여정을 순명처럼 견디며 필경은 다시 돌아와야 할 하늘 길을 묵묵히 날고 또 날아야 하는 숙명적인 철새들, 그 먼 하늘 길을 날기 위해 얼마나 많은 것들을 버려야 했을까를 생각해본다. 끝 간 데 없는 하늘 길을 열기 위해 밝은 눈을 가지려고 했을 것이다. 버린 것만큼 가벼워져 하늘 길에 들어설 때 이처럼 가벼이 날 수 있다는 것을 새삼 깨우쳐 준다. 버리면 몸속 뜨거운 피도 잠잠해지고 욕심으로 멀었던 눈도 트인다고 말한다.

지금까지 나는 내 안으로 나 있는 길을 따라 나갔다. 힘이 들고 고단하여 그때마다 내가 진저리를 쳤던 것이다. 시간은 참으로 무섭게 모든 것들을 마모시킨다. 이젠 내 몸속이 물속처럼 조용한 것은 시간 때문인 것이다. 들끓던 젊은 피도 메마른 근육의 섬유질 사이에 조용히 엎디어 있다. 만남과 헤어짐도 한 가닥 덧없는 속바람인 것을 깨달으며 버리는 일이 바로 얻는 것이요 가지지 않는 빈손이라야 온 세상 頭頭物物을 담을 수 있음을 이제는 어렴풋이나마 알 것 같다. 붉게 타오르는 저녁노을은 그 강렬한 채도로 우리들의 피맺힌 고해성사를 듣는다. 우리는 올곧은 자세를 지키기 위해 뿌리째 휘어지는 굴복을 얼마나 감당했던가. 겨울나무는 언제나 멀리 떨어지지도 않으면서 한걸음에도 잡을 수 없는 무채색의 공간에서 초연함으로 그렇게 말없이 지켜보고 있다. 무구한 언어는 사시장철 생기가 넘치고 정이 담긴 간절한 메시지였다. 다시 한 해가 저무는 섣달, 빈 나뭇가지에 슬픈 가락을 탄주하는 메마른 바람으로 너는 내 곁을 찾아와 밤마다 천식을 앓게 한다. 한평생 지나가는 바람인데 한 오백 년 살 줄 아는 인간사가 늘 시장기를 느낀 새 떼처럼 공허하다. 깊고 적막한 밤의 골짝 골짝마다 아득히 멀고 먼 곳에서의 계시처럼 눈이 내렸다. 눈은 제 몸을 골고루 나누어 주었다. 품으면 품을수록 제 몸의 온기에 녹아서 짧게 사라져버리는 눈, 그 헛것들을 끌어안으려고 이 적막 속 살아 있는 뭇것들이 몰려나와 발버둥치고 있었다. 계곡 저 밑으로 고꾸라지듯 내달리다 지쳤는지 빈 가지의 온기를 끌어내어 널브러진 마른 잎들 사각사각 밟고 지나간다. 가끔씩 허공을 그리던 새들도 떠나버린 겨울 산야는 여기저기 흰 눈을 덮어쓰고 동안거에 들어 있다. 겨울나무의 묵언은 얼

핏 무료해 보일 것이나 더없이 진지하다. 왕성했던 한 시절의 삶의 중단이니 어찌 고통스럽지 않을까. 깊은 소모를 회피하지 않고 산은 무던히 견디는 중이다.

바람이 분다. 바람은 상생 상극하는 우주 질서의 족적이요 맥박이다. 하늘의 섭리는 얼어붙은 땅속에서도 여린 씨앗을 쑥쑥 자라나게 하고 빈 나뭇가지에 싹을 틔운다. 언덕배기에 서 있는 나무도 기분 좋게 흰 모시옷으로 산뜻하게 갈아입었다. 이제 속앓이는 그만하리라. 한 줌 바람으로 너를 반기듯이 말갛게 씻은 얼굴로 떠오르는 새해 그 빛살을 품으리라. 언제나 바람에 온몸을 부딪쳐 비워내어 텅 빈 가락으로 이 세상에서 가장 큰 노래, 희망의 노래를 들려주리라.

아직도 일어나지 않은 운주사 와불

가을바람에 흩날리는 가랑잎은 머슴부처 어깨에도 석불 이마에도 무릎에도 아랑곳없이 내려앉는다. 햇살은 왼종일 와불을 비추고 있으나 천 년 전부터 누워 계시는 와불은 아직도 세상사를 읽고 있는지 사계절이 다 지나가도록 일어나지 않고 있다. 전남 화순에 위치한 운주사에는 세계에서 하나뿐인 유일한 형태의 와불이다. 운주사 계곡 정상에 있는 석불 2구로 각각 12.7m, 10.3m의 크기로 머리를 남쪽으로 향하고 누워 있는 형태이다. 운주사를 창건한 도선국사가 천불 천탑을 세운 후 와불을 마지막으로 일으켜세우려고 하였으나 새벽닭이 울어 누워 있는 형태로 두었다는 전설이 전해진다. 국내의 와불 중에서는 가장 큰 규모의 석불이다. 이는 열반상과는 다르게 '좌불'과 '입상'으로 자연석으로 조각되어 있다. 좌불 옆으로 흐르는 감로수에 지나가는 세속인이 목을 축이고 있다. 무한정 흐르는 물이 아까워 자꾸 뒤를 돌아본다. 이렇게 좌불과 입상의 형태로 누워 있는 부처님은 우주에서 하나뿐인 존재라는 의미다. 이 좌불과 입상은 대단히 큰 불상으로 나침반을 갖다 대면 거의 정확히 남북으로 향하고 있어 불상이 일어나면 곤륜산의 정기를 민족이 받아 새로운 세상이 열리고, 지상 최대의 나라가 된다는 전설이 전해져 오고 있다. 운주사의 좌불은 비로자나불상이고 옆에 있는 입상은 석가모니불이다. 그리고 두 불상을 지키듯이 아래 서 있는 머슴불상으로 표현되는 노사나불도 있다. 여러 불상들 중에서도 와불은 가장 많은 관심을 집중케 한다. 이 와불 아래에 있는 이른바 머슴불이라고 하는 시위불은 동자승이 벌을 받아서 머슴불인 시위불로 변했다는 석불입상이 서 있다. 운주사의 불상은 하나같이 이처럼 못난이불佛들이다. 하나씩 보면 너무 형편없어 보이지만 전체를 보면 어떤 간절함이 절절히 묻어 있는 것 같다. 누가 왜 이런 못난이불佛을 만들었을까? 보통의 절 입구에는 사천왕 상이 서 있는데 운주사에 들어서면 못난이 돌부처들이 반긴다. 머슴부처. 누가 머슴이라고 이름지어 주었을까. 머슴부처라고 이름붙여준 것은 운주사이기 때문에 가능하지 않았을까. 이 머슴불佛은 와불의 바위에서 떼어내어 만들었다고 한다.

와불의 시중을 드는 것 같다고 해서 머슴부처라 불렀나 보다. 운주사 천불 천탑의 마지막 천불이다. 운주사의 나른 부처들처럼 세우려고 했다고 한다. 그러나 와불 뒤의 바위가 너무 커서 도저히 세울 수가 없었다. 천불 천탑을 만들고 마지막 천불을 일으켜세우려는데 미처 세우지 못한다 했을 때의 절망감은 어떠했을까. 언젠가 와불이 일어서면 새로운 세상이 열릴 것이라는 지극한 소망으로 바뀌었다. 이러한 간절함이 운주사 곳곳에 절절히 묻어난다. 다른 사찰에 비해 운주사는 큰 나무가 별로 없다. 그나마 사찰을 병풍처럼 빙 둘러싼 산들이 조림으로 인하여 민둥산이 되어 있다. 울창한 숲보다는 하루 종일 볕이 드는 볕 가림이 없는 사찰이다. 운주사 老스님은 풍화작용으로 와불님 모습이 본모습에서 조금씩 퇴화되는 것 같아 안타깝다고 했다. 이 가을 조용한 운주사에서 마음 정리를 해 보는 것도 좋을 것 같다.

죽도竹島

전라북도 진안군 상전면 수동리 죽도. 진안읍에서 무주 쪽으로 뻗은 30번 국도를 따라 8㎞정도 가다 오른쪽으로 4㎞가량 가면 죽도를 만난다. 죽도는 산대나무가 많고 섬 앞에 천반산(해발 647m)이 죽순처럼 솟았다 해서 생겨난 이름. 금강이 발원하는 곳이다. 넓은 모래사장과 자갈밭, 맑고 차가운 물이 매력이다. 천반산 위에 오르면 냉풍이 부는 송판서굴에서 무더위를 식힐 수 있다. 금강 본류와 덕유산에서 내려온 구량천이 만나는 '죽도' 이곳은 '정여립 모반사건'(1546~1589)의 근거지. 조선조 선조 때 동 · 서인의 당쟁에서 역신으로 몰린 정어립이 피신했다가 관군에게 발각되자 자결한 곳으로 알려져 있다. 우리 역사의 슬픈 한 대목이다. 죽도는 정확하게 용담호 만수위 선상에 있다. 만수위가 되면 금강과 구량천이 만나는 아름다운 물굽이는 물속에 잠기고 금강 물줄기가 휘감아 섬처럼 보이는 죽도는 빙 둘러 물줄기가 형성되어 있어 육지 속에 진짜 섬으로 변한다. 지금은 가뭄으로 인해 댐 가까이까지 물이 없어 수몰된 전답이 그대로 드러나 있다. 장마로 물이 불어나지 않는 이상 죽도 앞까지는 물이 거의 차지 않는다고 한다. 천반은 하늘[天]에 소반[盤]인데 인체에 비유하면 머리의 가마에 해당하는 곳이다. 죽도 앞쪽으로 우뚝 솟아 있는 천반산은 그리 험하지 않아 산을 좋아하는 등산객들이 산행하기에 아주 좋은 코스다. 맨 아래 강가에는 마을이 수몰되기 전에 사람들이 살면서 다녔던 옛길이 그대로 드러나 맑은 강물을 따라 산책하기에 아주 좋다. 고운 모래와 적당한 자갈이 깔려 있는 강, 물이 맑아 토종 어류들이 살고 있다. 주변에 금강이 시작되는 발원 샘은 전북 장수군 장수읍 수분리, 신무산(897m) 중턱의 '뜸봉샘'이다. 수분리 마을은 '물뿌랭이마을'로 불렸던 흔적이 있어 예로부터 선조들이 이곳을 금강의 발원지로 여겼음을 알 수 있다. '금강錦江'은 너른 들판을 끼고 굽이치며 흐르는 물결이 비단결과 같다고 붙여진 이름이라고 한다. 이곳 죽도에서 구 용담면까지 금강은 전형적인 감입곡류로 곳곳이 영월 동강처럼 아름다운 바위·절벽지대를 이루고 있다. 용담댐 건설 이후 이 비경지대는 모두 물속에 잠겼다. 용담댐 담수 이후 홍수와 갈수라는 자연적인 변화가 사라지면서 금강 상류 생태계에는 이미 이런 변화가 진행되고 있다.

연기암 가는 길

연기암은 화엄사에서 약 4㎞정도 계곡을 타고 걸어서 간다. 자동차로 갈 수 있는 길이 있기는 하다. 연기암은 화엄사 원찰로서 백제 성왕 때 인도의 승려 연기조사가 창건했다고 한다. 국내 최대 문수보살 기도 성지이다. 이곳은 기를 받기에 아주 좋은 곳이라고 한다. 비교하기는 그렇지만 계곡이 칠연계곡보다 훨씬 크고 웅장하다. 오르는 길에 양옆으로 울창한 대나무 숲이 있고 연기암 입구에 들어서면 어깨가 무거운 중생들을 문수보살이 환하게 맞이한다. 연기조사가 이 깊은 지리산 중턱에 연기암을 지은 깊은 속내는 헤아릴 수 없지만 그의 뜻이 느껴진다. 사찰은 아무래도 자리와 풍광이 함께 어울릴 때 기품 있는 것이리라 생각한다. 암자 마루서 보면 저 멀리에 에돌아 흐르는 섬진강이 보인다. 산모퉁이를 끼고 유유히 흐르는 물줄기가 마치 거대한 짐승이 길게 누워 있는 형국이다. 내세울 것 없는 내가 있어야 할 자리와 앞으로 살아갈 자세에 대해 생각해 본다. 섬진강이 어떤 강이기에 그토록 시인들이 피를 토하듯 절규의 노래를 하는 것일까. 힘들어도 겸손하고, 슬픔에 대해서도 의연한 자세로 살아가라고 낮은 목소리로 자연은 나에게 가르침을 준다. 절 마당에 잠시 머물러 마음이 비워졌음인지 무심히 지나쳤던 동백나무 꽃눈을 대하는 것이나 나무 한 그루, 바위들을 보는 눈길이 깊고 경건해졌다.

연기암 오르는 길, 양옆으로 대나무 숲이 있다. 여기서 볼 수 있는 세상은 나무 사이로 열려 있는 하늘뿐이다. 대숲에 가려져 대나무 외에는 아무것도 볼 수 없다. 절 마당까지 길게 뻗은 대숲, 조릿대도 아닌 곱게 자란 시누대다. 지리산은 대나무가 많아 어쩌면 몇백 년 전부터 외부 침략이 있을 때마다 전투무기로 사용했는지도 모른다. 옷깃을 여미는데도 한파라서인지 바람이 매섭다.

무언가 내 옆으로 쓱 지나가는 느낌이다. 으스스한 한기가 돈다. 돌아보면 댓잎이 흔들리고 있다. 마음 가다듬고 발걸음을 재촉하건만 어쩐 일일까, 자꾸 소리들이 나를 따라온다. 나만 느끼는 것일까. 바람이 대나무 사이를 휘저을 때면 끊임없이 혼령들의 신음인 양 괴괴하다 못해 울음 우는 소리가 난다. 우리 민족이 지리산에서 수없이 전쟁을 치르며 죽음당한 민초들의 통곡소리가 가슴 절절한 소리를 내는 것 같다. 마치 그 옛날 전쟁이 일어날 때마다 무명으로 지리산에 뼈를 묻어버린 고혼들의 한 맺힌 소리 같다. 숨죽여 온 내 가슴을 뒤집고 내 호흡을 부르르 떨리게 하는 저 소리, 죽창 부딪는 소리로 오소소 몸에 소름이 돋는다. 이따금 나뭇가지끼리 부딪는 소리가 누군가의 발자국 소리처럼 자꾸 따라다닌다. 창살 같은 것들의 번뜩임 소리, 저 결연한 소리들이 발걸음을 멈추게 한다. 아마도 소설가 조정래 씨가 쓴 소설 ≪태백산맥≫을 많이 읽은 탓도 있으리라. 지리산에 들면 마치 그 당시 역사의 현장에 내가 있었던 것 같은 착각을 자주하게 된다. 소설 속에 나오는 지명은 친근감이 든다. 그 당시 남과 북의 치열했던 싸움으로 골짜기마다 붉은 핏물이 흐르는 것같이 가슴이 서늘해진다.

지리산 연기암 가는 길 대숲에 들면 바닥에서 하늘까지 찌르는 소리가 힘들게 홀로 가는 내 호흡을 불규칙하게 한다. 대나무 뿌리는 서로 엉키어 질서가 없어 보여도 서로를 다치지 않게 한다. 이것이 자연의 조화다. 잎은 잎끼리 비비고 뿌리는 뿌리끼리 얽히어 오랜 세월 지리산을 단단하게 묶고 있는지도 모른다. 지리산에는 모든 생명들이 서로 공존하며 질서 있게 살아가고 있다. 이 모든 생명의 조화들이 급기야는 한 소리로 합성을 이루며 살아가는 것 아닐까.

화엄사 마당 입구에 제 명을 다한 서어나무가 있다. 화려한 지난날을 보내고 보여줄 수 있는 가장 단순한 구도로 먼 하늘의 배경과 완벽한 조화를 이룬다. 고목은 어쩌면 죽음까지 저리 아름다울 수 있을까. 삭풍이 속 빈 고목을 흔들고 있을 때 그 곁에 나도 허전한 양팔을 벌리고 서 본다. 내게 허락된 세월이 낙엽처럼 스쳐간 뒤 저런 모습으로 맞이할 수 있을까. 나이테의 중심에서부터 소멸을 향해 스스로 비워가는 고사목 옆에 서서 세월 저 너머로 부는 바람소리를 듣는다.

삿갓의 꼭짓점으로 길 한 가닥 넘어와 골짜기에 눕는다. 서늘한 골짜기로 역류하는 시간을 산란기의 연어처럼 거슬러 오르다 보면 재잘재잘 흘러가는 물소리가 발걸음을 지루하지 않게 한다. 방금 지나온 계곡 안쪽에서는 물소리가 우리를 따라온 잡음과 실랑이를 벌인다. 세상의 번뇌로 복잡한 마음이 얼크러진 실타래가 풀리듯 조금씩 가벼워지는 것 같다. 계곡에 드문드문 남은 얼음덩어리들은 바위와 바위 사이의 빈틈에 햇살 가득 부어 만든 예술 작품 같다. 바람의 붓에 시간의 먹물을 듬뿍 찍어 깎아지른 벼랑마다 수묵화를 그린 것 같다. 그러고 보면 자연은 인간이 흉내낼 수 없는 뛰어난 예술가다.

위태한 능선에 소나무들이 세월의 마디를 키우고 한여름 파랗게 물결치던 활엽수들이 쌓인 낙엽에 발목을 묻고 서 있다. 다람쥐가 날렵하게 갈참나무를 오른다. 청설모가 안전거리 밖에서 미끈한 소나무를 오르내린다. 모두가 꼭 있어야 할 자리에 있다. 만약 풀 한 포기라도 옮길 것 같으면 산 전체를 가까스로 지탱하고 있는 어떤 균형이 와르르 무너져내리고 말 것 같다. 그 완벽한 균형이 아름답게 어울리며 구름 몇 점 골짜기 따라 산자락을 능사처럼 감아 돈다. 나이를 모르는 우람한 참나무는 굵어진 가지마다 잔가지를 촘촘히 달고 있다. 지난여름 무성한 그늘을 가리었을 참나무는 옹이자리를 새들의 보금자리로 내주고 있다. 나무 모양새가 마치 탈모로 듬성듬성 몇 올 남지 않은 친구의 머리숱 같다. 그렇지만 그 기상은 우뚝 솟아 지리산을 지킨다. 거대한 지리산을 보면서 있는 자리도 중요하다고 생각한다.

길섶의 장승은 나이테를 잊고 세월에 취해 저 혼자 늙어간다. 짙푸른 하늘 가장자리에 곱디고운 선율을 남기고 산그림자는 또 어디론가 서서히 방향을 돌린다. 바위들이 울퉁불퉁한 근육을 뭉쳐서 뽐내고 골짜기가 바람소리 같은 물소리를 방류한다. 지리산 계곡은 소용돌이마다 밀리지 않으려고 물거품들이 하얗게 몰려서 발버둥친다. 속세로 내려가기 싫어서 바위에 제 머리를 부딪히며 철철철 울음 운다. 구부정한 아름드리 소나무가 묵묵히 내려다보고 있다. 바위에서 바위로 자리를 옮기며 물웅덩이에 살아 움직이는 생명체를 보노라면 하루를 자맥질하다가 저녁이면 집으로 모여드는 인간세상과 다를 바 없다는 것을 알았다.

세상에서 부글부글 끓던 잡음들도 여기쯤 오면 계곡의 물소리에 휩쓸려 내려가고 남아 있는 소리들은 골짜기의 짙푸른 일부가 되어 바람과 이구동성으로 해맑은 악기 소리를 낸다. 조간신문이 배달되지 않고 다급한 전보도 하루쯤 쉬었다가 도착하는 그런 곳, 아름드리 솔 밑으로 드러난 너럭바위에 앉아 잠시 쉬어 본다. 수묵화 같은 돌의 마음이 보이고 바람과 나무가 주고받는 속삭임이 들린다. 오래도록 이 계곡에서 구석구석까지 헹구어지고 가벼워져 투명해지다가 마침내 거문고 한 곡조가 되어 오래도록 바람의 소리로 남아 있고 싶다. 가파른 계곡에서 이끼를 갑옷삼아 세월을 지키는 멍텅구리바위처럼 나도 바위가 되고 싶다.

2

“ 산사의 ‘벽에 걸어놓은 배낭’과 ‘소나무 위에 걸린 구름’과 저 멀리 앞서 ‘지게 지고 가는 이’와 ‘중심 저쪽 멀리 걷는 누구’ 까지도 모두 도반으로 보였다. ”

'혼자'가 되자

가을은 '여름이 타고 남은 것'이라고 일본의 천재 작가 다자이 오사무[太宰治]가 말했다. 가을이 주는 감성적 표현을 나는 아직 보지 못했다. 그러고 보면 '잎새에 이는 바람소리에도 나는 괴로워했다.'고 노래한 윤동주의 감수성도 깊은 가을 한가운데에서 느끼는 존재에 대한 고통스러운 연민에 닿아 있었던 모양이다.

일광은 타오르고 녹음은 무섭게 뻗어나가고 여름은 연민을 느낄 겨를이 없다. 문을 있는 대로 열어놔야 하고 될 수 있으면 옷도 매미의 날개처럼 살랑거리며 가볍게 입어야 하는 게 여름이다. 한낮처럼 모든 것이 아낌없이 열리고 불디오르니 우리들의 영혼은 작열하는 일광 밑에서 숨을 곳이 없다. 혼자 있으면서도 고독한 것을 알지 못하고, 달려가면서도 자신이 어디를 향해 달리는지 인식하지 못하고, 소리치면서도 그 소리의 메아리가 무엇을 울리고 되돌아오는지 가려보지 못한다.

그러나 지금은 낮에는 햇살이 강렬하여 아직 뜨겁고 덥지만 저물녘이 오면 어느새 풀벌레가 울고 소슬한 바람이 분다. 창문을 하나씩 닫는다. 그리고 어떤 순간에 창문에 비친 그림자에 놀라 돌아보면 나는 '혼자' 창가를 서성거리고 있다.

'나는 내가 혼자인 것을 느낀다. 가을은 펼쳐 놓았던 것들을 정리하는 계절인 것 같다. 옷에 달린 장식을 떼듯이 생활과 마음에서 불필요한 것을 모두 떼어버려야겠다.' 선구적이었으나 고독하게 살았던 전혜린田惠麟의 문장이다. 가을이 주는 첫 번째 화두는 바로 이것이다. 당신이 '혼자' 서 있다는 사실을 깨닫도록 하는 것. 이제 머지않아 나뭇잎은 물들고 들녘의 곡식은 익고 하늘은 끝 간 데 없이 높아질 것이다. 그때가 되어도 '혼자'라는 사실을 깨닫지 못한다면, 아직 가을이 오지 않은 셈이 된다. 그것은 곧 성숙하지 않았다는 뜻이다. 지난여름에 나는 어디에 있었던가.

성숙을 통해 현재 내가 서 있는 위치를 뚜렷이 인식하고 포기할 수 없는 본원적인 꿈으로 앞날을 바라본다는 것이다. 가을은 그런 힘이 있다. 외부로 열린 문을 닫으면 내면의 뜰이 넓어지는 게 인지상정이다. 넓어진 내면의 뜰로 돌아가 혼자 가만히 있어 보면 지난여름의 방종과 오만과 오류와 편견을 막힘없이 볼 수 있다. 내가 밟고 선 풀 한 포기의 비명소리도 마침내 환히 들린다. 잎새를 흔들고 가는 바람 소리가 가슴에 사무치고 미처 보지 못한 내 삶의 물집들이 눈물겹게 시선 속으로 들어올 때, 바로 그런 가을에 마실나갔던 본성이 내 영혼 속으로 되돌아와 나를 깨우는 축복의 시간이 아닌가 싶다.

올가을엔 진실로 '혼자' 되어 이렇게 자신에게 물어볼 일이다. "괜찮은가. 내 삶이 지금 이대로…… 좋은가."

나무는 고독한 哲人이다

나무는 덕을 가졌다. 나무는 주어진 분수에 만족할 줄 안다. 나무로 태어난 것을 탓하지 아니하고 왜 여기 놓이고 거기 놓이지 않았는가를 말하지 아니한다. 등성이에 서면 햇살이 따사로울까, 골짜기에 내려서면 물이 좋을까 하여 새로운 자리를 엿보는 일도 없다. 물과 흙과 태양이 주는 대로 받고 타박과 불만족을 나타내지 않는다. 이웃 처지에 눈떠 보는 일도 없다. 소나무는 진달래를 내려다보되 깔보는 일이 없고 진달래는 소나무를 우러러보되 부러워하는 일이 없다. 소나무는 소나무대로 족하고 진달래도 스스로 족하다. 나무는 모든 고독을 안다. 안개에 잠긴 아침의 고독도 안다. 나무는 한여름 무더위의 고독을 알고 어둠에 덮힌 저녁의 고독을 안다. 나무는 어디까지나 고독을 견디고 고독을 이기고 또 고독을 즐긴다. 나무에 아주 친구가 없는 것은 아니다. 바람이 있고 새들도 있다. 그러나 다른 것은 믿지 못하나 달은 때를 어기지 않고 찾아오고 고독한 겨울밤을 같이 지내주는 의리 있는 친구다.

바람은 달과 달라 그야말로 바람잡이 친구다. 자기 마음 내키는 대로 찾아올 뿐 아니라 어떤 때는 쏘삭쏘삭 알랑대고 어떤 때는 난데없이 휘감기고 공연히 뒤틀려 우악스럽게 생채기를 내고 달아난다. 그러나 가다가 다시 둥지를 틀고 있는 새들에게 찾아와 푸념을 한다. 나무는 바람이 노래하다가도 훌쩍 떠날 때 또 올 것이라는 믿음으로 기다린다. 나무는 이 모든 것을 잘 가릴 줄 안다. 그러나 좋은 친구라 하여 달만 반기고 믿지 못할 친구라 하여 새와 바람을 물리치는 일이 없다. 달은 달대로 새는 새대로 바람은 바람대로 다 같이 친구로 대한다. 그리고 친구가 오면 다행이다 생각하지 않고 오지 않는다고 하여 불행해하는 일이 없다. 옆, 앞, 뒤 모두 이웃 나무가 가장 좋은 친구가 되는 것은 두말 할 나위가 없다. 나무들은 속속들이 이해하고 진심으로 동정하고 공감한다. 서로 마주 보기만 해도 기쁘고 일생을 이웃하고 살아도 싫증나지 않는 친구다. 그리고 나무는 天命을 다한 뒤에 하늘의 뜻대로 다시 흙으로 돌아간다. 나무는 고독한 哲人이요, 安分知足의 賢人이다. 내가 죽어서 나무가 된다면 어떤 나무가 될까 고민하지 않으리. 이미 나무가 되기로 맘먹었으니 어떤 나무로 산들 어떠하리.

유유자적 마실길

바다와 육지가 만나고 헤어지면서 만들어 놓은 해안가 부안 마실길이 생겼다.

기기묘묘한 절벽, 사구, 바위 위의 소나무, 풀숲, 모래사장, 갯벌이 이곳을 찾아오는 발걸음을 붙잡는다. 부안 갈 때마다 해안 길을 타고 돌고 싶었는데 해안가에는 해안경비대가 차지하고 있어서 아쉬움이 남았었다. 그런데 지난해에 개방된 지 그리 오래되지 않아 간간이 초소와 초소 사이는 철조망으로 연결하여 가는 길목마다 아직도 야릇한 긴장감이 깔려 있다.

먼 바다에서 밀려오는 파도소리가 마치 농부들이 쭉정이를 골라내는 키질하는 소리 같다. 밀려왔다 밀려가는 반복적 여운 속에 저 멀리 수평선이 알 수 없는 미지의 세계와 겹쳐진다. 진한 생명력이 넘쳐나는 풀숲 사이로 피어 있는 이름 모를 풀꽃이 싱그럽다. 풀밭으로만 되어 있어 가는 길이 일정하게 정해지지 않았지만 지금은 풀을 깎고 덤불을 제거하여 묻혀 있던 길을 세상 밖으로 내놓았다. 지금까지 닫힌 길이었지만 이젠 열린 길로서 혼자여도 좋고 누구라도 동행하여 걸을 수 있는 좋은 코스다. 해안 길, 간간이 갈매기들의 울음소리와 해풍에 함께 너울대는 파도소리 들으며 담소를 나누며 걷는 것도 좋을 것이다. 감추어진 새로운 길은 아스팔트에 익숙해진 사람들에게는 불편하겠지만 자연을 좋아하고 새로 개척된 길을 찾는 마니아들은 즐겁게 걸을 수 있는 길이다. 지금까지 개방되지 않아 사람들의 발길이 뜸했던 곳, 인가는 없지만 간간이 누군가 다녀간 발자국 흔적을 찾아볼 수 있다. 풀과 숲이 어우러진 길을 가다 보면 해안선을 따라 아직도 곳곳에 초소의 흔적이 그대로 남아 있고 길이 끊어진 곳에는 아직 세상에 알려지지 않은 해수욕장의 모래사장과 바위가 해수에 침식된 기기묘묘한 해안절경을 이룬다.

길이 없는 곳은 구릉진 언덕 옆으로 가기도 한다. 그동안 감추어진 해안 주변에 군데군데 패총을 볼 수 있다. 대항리 패총은 조개류의 껍질이 쌓인 무더기로 선사시대에 이 지역에서 살던 사람들의 생활을 알 수 있고 이 지역이 선사시대부터 사람들이 살기 좋은 지역이었음을 말해주는 것 같다. 산길을 거쳐 바닷물로 침식된 지역의 뾰족한 절벽 사이를 오르내리면서 해변가를 통하는 맛도 오랜 추억이 될 것이다. 변산을 지나 고사포와 하섬이 있는 곳으로 가기 위해서는 다시 바다와 접한 산이라고 할 수도 없는 야트막한 샛길로 들어서야 한다. 그러나 이곳은 협소하여 겨우 한 사람만이 걸어

갈 수 있도록 만들어졌고 한삼넝쿨이 철조망 위로 무성해서 마치 밀림 속 미로를 가는 듯 약간의 긴장과 스릴이 있다. 어느 지역에서도 경험해 보지 못한 거칠면서도 부드러운 장막인 듯하다. 이름을 알 수 없는 야생초가 많이 피어 있어 맨땅으로 드러난 곳이 거의 없다. 보다 많은 사람들이 다닐 수 있도록 인위적으로 길을 만들 수도 있겠지만 수많은 발자국이 자연스레 새로운 길을 만들어내는 길도 괜찮을 듯싶다. 오랜 세월 바닷물에 절은 바위는 세련된 풍경은 아니지만 태어나서 제자리를 떠나보지 않은 것 자체만으로도 아름답다. 변산 해안을 지나면 고사포 해수욕장이 나온다. 서해안 수많은 해수욕장 중에 길이만 2㎞에 이르는 백사장, 뒤편 송림과 바다에 한 점으로 떠 있는 하섬은 사람들의 발길을 붙잡는다. 층층바위 틈 사이로 바닷물이 들랑거리며 가볍게 파도를 일으킨 적벽강은 피로에 지친 걸음걸음을 시원하게 해 준다. 이 바다를 지켜 주는 신이 있지 않을까? 죽막동에 서해바다 안녕과 무사를 지키는 개양(수성)할머니를 모시는 수성당이 있다. 수성당 인근에 후박나무 군락지는 후박나무가 자랄 수 있는 가장 북쪽 지역에 위치하고 있어 식물분포학적 가치가 높아서 천연기념물로 지정하여 보호하고 있다. 또한 바다에서 불어오는 바람을 막아주어 그 안쪽에 농경지를 보호하는 방풍림의 역할을 하고 있다고 한다. 그동안 닫혀 있던 부안 마실길이 열렸다. 마실길의 어원은 이웃 마을에 놀러갈 때 마실간다고 하는 데서 왔다. 좀 멀어도 부안으로 마실나가는 것도 좋을 것이다. 바다, 해안, 산, 들을 고루 갖춘 부안, 한 번에 다양한 기대감을 충족한다면 마실 못 갈 이유가 없지 않을까.

우리의 만남

우리는 인간관계 속에서 많은 인연을 쌓으며 성장하고 발전한다. 한 사람이 일생 동안 만나는 사람들은 과연 얼마나 될까?

2007년 그해 겨울 진눈깨비가 흩날리던 날, 40년 동안 살던 중국 땅을 버리고 그녀는 왔다. 고국의 언어를 접어놓고 듣지도 말하지도 못하는 말 배우기는 가장 어렵고 힘든 일이다. 한국에 온 지 4개월인데도 그녀는 어디서 말과 한글을 배워야 하는지를 몰라 집에서만 남편에게 의존해 더듬더듬 간단한 일상어를 배워서 사용하고 있었다. 그녀는 우리 집과 4㎞정도 떨어진 마을에 살고 있어 틈나는 대로 말과 글을 가르치려고 그 집을 찾아갔다. 내가 중국어를 조금 할 수 있어서 그나마 다행이었다. 내가 펑퍼짐하여 인상이 좋았는지 마치 친정 언니라도 만난 듯 경계심도 없이 마음을 풀어 놓았다.

그녀와 대화를 하면서 소통이 잘 되지 않을 때에는 한, 중 사전을 찾아가며 의사소통을 했다. 가족과 모두 헤어지고 이국땅에서 혼자 남아 고독이 되는 이름, 그가 할 수 있는 것은 몇 마디 언어, 자꾸만 고향 생각들이 머릿속에서 떠나질 않는다며 눈물을 보이던 그녀였다. 외로워도 속내 보이지 않고 시간의 무게를 그렇게 견디고 있었다. 중국 흑룡강성에서는 영하 30도가 보통인데도 그렇게 추운 줄 몰랐다고 한다. 지금은 그쪽보다 삶의 여건도 좋으련만 아무리 두터운 옷을 껴입어도 추운 걸 어찌 막을 것인가. 몸이 추운 게 아니고 마음이 시린 것이다. 그녀는 나를 만난 후부터 공부에만 열중하였다. 그동안 말이 통하지 않아 답답하던 것이 조금씩 풀리면서 이제는 살 것 같다고 했다. 정 붙이고 함께 공부한 것이 7개월이 되었다. 이젠 말을 참 잘한다.

그녀가 힘들 때마다 나는 이야기 상대가 되어 준다. 그녀는 나무가지의 끝 기댈 곳 하나 없는 하늘 한가운데 홀로 덩그렇게 놓여 있다. 뿌리로부터 가장 멀리 떨어져서 바람에 힘없이 흔들리고 있다. 햇살과 비와 바람은 힘이 되다가도 적이 되는 세상이지만 흔들리지 않으려고 풀포기를 꽉 붙잡는다. 나무는 허공에 지도를 그리듯이 제 길을 열어가고 있다. 제 스스로 길을 만들어 가는 것이다. 그 길 따라 띄엄띄엄 발자국 같은 연둣빛 집들이 생기고 무성해지는 숲이 이루어진다고 위로를 한다.

나는 때로 사소한 일에도 해결사 노릇을 해야 한다. 연로하신 부모님을 모시고 사는 이들에게는 더욱 답답하기만 하다. 그 옛날 자신이 시집살이하던 시절처럼 아무것도 모르는 외국며느리에게 똑같은 방법을 쓰시는 어른들도 있다. 시키는 일도 제대로 못한다고 소리지르는 시어머님의 표정만 보아도 무서워서 잠이 오지 않는다고 한다. 아직 말이 서툰 이들은 식구들이 이해를 못하면 수시로 내게 전화를 한다. 그러다 보니 자주 만나고 마음 나누니 저절로 정이 든다. 내가 작으나마 빨리 움직일 수 있는 차가 있는 것이 얼마나 다행인지 모른다. 시골이라서 老부모님들이 지역의 사투리를 쓴다. 란닝구(런닝셔츠), 쇠때(열쇠), 말국(국물), 쓰리빠(슬리퍼)등 일상의 언어를 표준어로 가르치는데 식구들과 함께 있을 때는 사투리를 이해하는 데 오랜 시간이 걸린다.

지난해 캄보디아에서 이곳에 온 지 일 년 되는 스레이몽이 있다. 나이는 24세, 이곳 생활도 적응하기 어려운데 오자마자 임신을 한 것이다. 볼 때마다 얼굴이 까칠하기에 나름대로 짐작을 하고 캄보디아 사전을 펴 놓고 그의 말을 들어보니 임신이었다. 그런데 본인은 그걸 모르고 무슨 병이라도 걸린 듯 걱정스런 표정이었다. 남편에게 이 사실을 이야기하고 전주 모 산부인과에 데리고 가서 확인해 보니 임신 4주라고 한다. 다시 사전을 펴고 축하한다고 말을 했더니 그제서야 안심이 된 듯 얼굴을 펴고 웃는다. 그의 남편에게 임신에 대해 자세히 알려주고 잘 대해 주라고 당부를 했다. 나는 스레이몽을 만날 때마다 조금씩 불룩해진 배를 만지며 "우리 손자 많이 컸네." 하면 씩 웃는다. 그녀는 아이를 낳기 전까지 열심히 공부를 했다. 벌써 아들을 낳아 2개월이 넘었다. 스레이몽이 잘 사는 모습이 참으로 예쁘다.

정부에서 관심을 많이 갖고는 있어도 그들이 직접 필요할 때는 도움을 받지 못한다. 이들에게 친정엄마처럼, 큰언니처럼, 누군가는 보호자 역할을 해야 한다. 내 마음이 스스로 그들에게 끌려가는 것은 어쩜 하늘이 맺어준 인연인 것 같아 내 생전에 그들의 보호자가 되어 주리라 생각한다. 우리가 이들을 보호하고 지켜주지 않으면 이들 또한 어디에 의지하며 살 것인가. 이 일은 누구의 책임이 아니고 우리 모두 함께 풀어야 할 과제라고 생각한다.

타인을 나처럼 나를 타인처럼 서로 기대며 언제나 사랑하고 사랑받는 끈끈한 정을 느끼게 해 줘야 할 것이다. 서툴지만 나는 그들과 대화를 나누는 시간이 좋고, 그들과 눈빛을 마주하고 마음을 나누는 시간이 좋다. 이제는 발음이 서툴러도 무엇을 말하고자 하는지 내가 먼저 그들의 마음을 안다. 행복은 자기가 하고 있는 일에 대한 자부심과 그들과 함께 교감하는 따뜻한 인간애가 아닌가 싶다. 시간이 흐르면 흐를수록 현지에 동화되어 그들이 주변인이 아니라 우리의 중심권에 진입하여 떳떳하게 살 수 있다는 긍지를 심어주는 것이 우리가 해야 할 일이 아닌가 싶다.

워낭소리

봉화 오지 마을의 고지식한 할아버지와 30년을 함께한 늙은 소에 대한 기록영화다. 영화 속에서 원기 넘치는 사람은 할머니뿐이다. 입버릇처럼 불평을 늘어놓지만 가만히 들어 보면 할아버지에 대한 은근한 애정과 걱정이 넘친다. 할아버지가 애지중지하는 소가 밉기도 하지만 온갖 힘든 일을 다해주는 믿음직한 일꾼이니 기특하고 고맙다. 할아버지와 소가 함께 기력이 쇠하고 늙어간다는 것이 야속하고 원통해서 받아들이기 어려울 뿐이다.

어렸을 적 생각이 난다. 우리 집 마구간에는 항상 소가 있었다. 어떤 때는 두 마리를 키우기도 했다. 소는 재산목록 제1호였고 두둑한 살림 밑천이었으며 최고의 일꾼이었다. 아버지가 소에 대해서 쏟는 정성은 상상을 초월한다. 온 집안 식구가 온통 매달리다시피

했다. 작두로 볏짚이며 풀을 썰어 여물을 준비하고 이를 다른 곡식과 잘 섞어 쇠죽을 끓였다.

추운 겨울에는 소가 밤새 춥지 않도록 단단히 보온장치를 했다. 등에 두툼하고 부드러운 담요 같은 것을 깔고 그 위에 멍석을 포개어 끈으로 단단히 묶어 체온이 유지되게 했다. 사람은 식은밥을 먹어도 소에게는 항상 김이 모락모락 나는 쇠죽을 제공했다. 낮에는 아침에 끓여둔 쇠죽을 먹였으나 저녁에는 반드시 정성들여 새로 잘 끓인 죽을 대령했다.

집집마다 소를 기르던 시절이라 각기 자기 집 소를 구별할 수 있는 장치가 필요했다. 그게 바로 워낭이었다. 신기하게도 워낭마다 소리가 달랐다. 저 멀리서도 우리 집 소가 오면 귀에 익은 그 소리로 단박에 알 수가 있었다. 워낭은 이미 소의 한 부분으로 굳어져 있었던 것이다. 사람의 이름을 들으면 그 사람의 모든 속성이 고스란히 연상되는 것과 똑같다.

애지중지 기르던 소도 가을걷이가 끝나고 농한기에 접어들면 목돈을 마련하기 위해 팔아 갈아야 했다. 장성한 소를 우시장에 몰고 가서 팔고 작고 비루먹은 놈으로 바꾸어 오는 것이다. 그 차액은 가용으로 쓰고 이듬해 농자금으로 비축한다. 자녀 학비가 제일 큰 몫이다. 정이 듬뿍 든 소가 장날 아침 집을 나서면 코끝이 시큰해지고 하루 종일 우울했다.

중개인들은 현금이 가득 든 전대를 허리에 차고 익숙한 말씨로 목청을 돋운다. 자신의 운명이 어찌될지도 모르는 판국에 힘자랑을 하는 소도 있다. 원근 각지에서 소를 몰고 나온 사람들로 인산인해를 이룬다. 거래가 끝난 소에게는 꼬리표가 붙고 커다란 트럭에 실려 어디론가 사라진다. 주인이 바뀌어 새로운 환경에서 새로운 운명을 맞이하게 되는 것이다.

아침에 나갈 때와 전혀 다른 낯선 소가 귀에 익은 워낭소리를 내면서 집으로 들어서면 한동안 이상한 생각이 들어 혼란에 빠진다. 잘 건사하지 못해 뼈만 앙상한 녀석을 온갖 정성을 쏟아 듬직한 일꾼으로 키워내야 한다. 사람의 마음이란 것이 정말 알다가도 모를 것이어서 서먹서먹한 것도 잠시뿐 곧 옛정을 잊고 새 식구가 된 소에게 마음을 주게 된다.

영화 〈워낭소리〉는 그동안 우리가 생활에 쫓겨 까마득히 잊고 지냈던 추억을 선명하게 되살려 주었다. 마구 날뛰는 송아지를 붙잡아 코뚜레를 하는 장면도 예전에 익히 보던 것이다. 아무 때나 풀을 뜯어 먹지 못하게 주둥이에 덧씌우는 그물도 참으로 새롭다. 어린 관객들은 타임머신을 타고 과거로 날아간 것처럼 처음 보는 생소한 풍경에 적잖게 당황할 것 같다.

팔십대 노인과 사십대 소가 서로 교감하면서 삼십 년 세월을 함께했으니 어찌 그 관계가 특별하지 않겠는가. 서로 말은 통하지 않지만 그들 사이에는 남들이 모르는 독특한 의사소통 방식이 있으리라. 삼십 년이 어디 만만한 시간이던가. 긴 세월 고락을 함께했으니 사람과 가축이라는 경계를 허물고 서로 눈빛만 보고도 알아차리는 이심전심의 경지에 이르렀으리라.

할아버지는 소가 농약을 먹을 수도 있다는 우려 때문에 전혀 약을 뿌리지 않는다. 그의 농사법은 현대적 시각에서 보면 시대에 맞지 않고 답답하며 고지식하기 짝이 없다. 바로 옆 밭에서는 최신식 농약 살포기로 시원스레 약을 뿌리지만 그는 전혀 관심이 없다. 할머니의 거듭된 회유와 끝없이 쏟아내는 잔소리에도 도무지 반응이 없는 벽창호요 고집불통이다.

추석을 맞아 객지에서 살고 있는 아홉 남매가 들이닥치자 모처럼 집안에 생기가 돈다. 높은 연세에 몸도 불편하시니 이제 소를 그만 팔아치우고 편안하게 여생을 보내시라고 모두가 입을 모은다. 노인은 먼 하늘만 응시할 뿐 묵묵부답 대꾸가 없다. 불편한 몸으로 손발이 닳도록 땅만 파며 흙속에 묻혀 지내던 노인은 가당치 않다는 듯 자신의 소신을 굽히지 않는다.

읍내 나들이 중 "미친 소가 웬 말이냐." 하고 외쳐대는 쇠고기 수입 반대를 위해 모인 데모대 앞을 힘겹게 지나가는 장면이 있다. 활기찬 데모꾼과 늙은 소, 그보다 갑절 더 늙은 할아버지는 절묘한 대조를 이룬다. 객석 여기저기에서 가벼운 탄식이 터져나왔다. 데모만능이라 할 만큼 온갖 갈등이 혼재하고 있는 우리의 현실을 너무나 잘 표현했다.

가족들의 성화에 못 이겨 삼십 년 동반자를 우시장에 몰고나가지만 썩 내키지 않는다. 꼭 팔아야 하겠다는 절실함이 없었다. 노련한 중개인들이 농담삼아 흥정을 걸어오니 할아버지는 주저없이 오백만 원을 받아야 한다고 응수한다. 어이가 없어진 그들은 이런저런 이유를 들며 육십만 원까지 깎아내린다. 언제 쓰러질 지도 모르니 그것도 과분하다며 쐐기를 박는다.

모든 사물에는 나름대로 값이 있기 마련이다. 절대적인 가치가 똑같다고 해서 상대적 값어치도 반드시 같을 수는 없다. 삼십 년을 동고동락해온 할아버지의 입장에서는 그 노쇠한 동반자의 가치가 오백만 원으로도 오히려 적을 수 있다. 깊고 절실한 내력을 알 리가 없는 중개인들은 소의 외양만 보고 푸줏간에 걸릴 무게로만 따져 냉정하게 값을 매길 뿐이다.

어릴 적 우리 집 소가 병이 들면 야밤에 수의사를 모셔오곤 했다. 몹쓸 병에 걸려 끝내 회생하지 못하고 죽는 소도 있었다. 온 가족이 비통에 빠져 할 말을 잃었다. 초상이 난 것처럼 모두가 삼가하고 조심했다. 마을 뒷산에 예를 갖추어 묻어주고 한동안 외양간을 비워두곤 했었다. 영화 속에서 수명이 다한 소가 먼 길을 가는 것을 보며 옷깃을 여미었다.

모든 생명체에게 죽음이란 엄숙하고 경건한 것이다. 비록 망자가 세속에서 손아래이고 나이가 어리다 하더라도 제단 앞에 설 때 삼가 예의를 표한다. 죽은 사람은 나이에 관계없이 살아 있는 사람으로부터 어른 대접을 받는다. 가축이라고 어찌 다를 수가 있을까. 수십 년 동안 가족의 일원으로 헌신했으니 가족과 같은 대접을 받는 것은 지극히 당연한 일이다.

혈육처럼 아끼던 소를 보내고 넋이 나간 할아버지 손에는 주인 잃은 워낭이 들려 있다. 온갖 풍상을 다 겪은 투박한 할아버지 손과 매끄럽고 앙증맞은 워낭은 잘 다루어진 밭이랑을 배경으로 묘한 조화를 이룬다. 할아버지와 소, 그리고 워낭을 분리해서 생각할 수가 없다. 이들은 하나가 되어 수려한 경관과 어우러져 관객들의 마음을 송두리째 흔들어 놓는다.

소 대신 경운기가 마구간을 차지한 지도 수십 년이 지났다. 우리 집뿐만이 아니다. 고향 마을 전체를 둘러봐도 소를 찾기 어렵게 되었다. 야산 곳곳에 조성된 목장을 제외하면 소를 만나기란 정말 어렵다. 지금 고향집 헛간 위에는 삼십 년 전 그때의 그 워낭이 주인을 잃고 잔뜩 녹이 슨 채 엎드려 있다. '땡그랑 땡그랑' 상쾌하고 정겹던 그 소리 귓가에 맴돈다.

잊혀진 계절

'지금도 기억하고 있어요. 시월의 마지막 밤을. 뜻 모를 이야기만 남긴 채 우리는 헤어졌지요. 그날의 쓸쓸했던 표정이 그대의 진실인가요. 한 마디 변명도 못하고 잊혀져야 하는 건가요. 언제나 돌아오는 계절은 나에게 꿈을 주지만, 이룰 수 없는 꿈은 슬퍼요. 나를 울려요.' 어느새 가을의 한가운데에 와 있다. 이용의 〈잊혀진 계절〉이 또다시 전파를 탈 때다. 귀뚜라미가 처연하게 울며 밤을 꼬박 새우고 있는 시월의 늦은 밤, 거실에 TV 화면 가득 낯익은 얼굴이 나타나 반색하며 다가앉는다. 마이크를 통째로 집어삼킬 듯 온몸을 던져 열창하던 옛날 그 모습은 아니지만 여전히 그는 매력 덩어리이다. 깊어만 가는 가을밤 이 노래가 빠지면 왠지 가을은 미완으로 끝날 것만 같다.

몇 해 전 박경리 토지문학상을 받았던 그해 가을, 문학상금으로 받은 금액 일부를 문학단체에 후원금으로 내놓았다. 그리고 좀더 나눠 문우들과 작은 라이브 카페를 빌려 시낭송과 음악회를 가졌었다. 한 구절씩 배경음악에 맞춰 절절한 가슴으로 낭송하는 모습에 모두 깊은 감상에 빠졌었다. 시낭송이 끝나고 밤은 깊어만 가는데 모두 일어날 줄 모르고 흘러간 팝과 통기타 음악 감상을 하던 기억이 난다.

세월의 수레바퀴는 어김없이 구르고 또 굴러 벌써 가을의 허리에 이르렀다. 소매 속을 파고드는 냉기가 사람을 긴장하게 한다. 도심 속 공원에 촘촘히 서 있는 활엽수들이며 대로변에 늘어선 가로수들도 부스럭 가을 소리를 내며 겨울맞이 준비에 바쁘다. 세월의 흐름을 무슨 수로 막을 수 있으리. 애당초 인간의 의지와는 전혀 무관하게 그냥 그렇게 흐르고 또 흐르는 것이 세월인 것을. 해가 갈수록 그 속도가 점점 빨라지는 것을 또 어찌하랴.

가을이 깊이를 더해 가는 한 해의 끝자락 시월에는 유독 할 일이 많다. 마음이 바쁘니 몸도 덩달아 바빠지는 것일까. 농부는 한 해 농사를 마무리하며 수확의 기쁨을 만끽한다. 수험생들은 귀뚜라미 소리를 벗삼아 밤을 하얗게 밝히면서 잔인한 이 가을을 뚝심 하나로 묵묵히 견디어낸다. 그동안 닦은 학업을 정리하며 상급학교 진학을 위해 전심전력으로 매진한다. 그들에게는 계절의 변화를 느낄 여유가 없고 세월의 흐름도 관심 밖의 일이다. 벌써 삼십 년 가까운 세월이 흘렀다. 지금도 그렇지만 그 시절 이맘때가 되면 왜 그리도 허둥댔는지 모르겠다. 해는 날마다 사정없이 짧아져만 갔다. 가을 정취를 가슴에 쓸어담으며 저물어 가는 해를 한사코 붙들려고 애를 태웠다. 그 모든 것이 부질없는 일임을 그때는 미처 몰랐던 것이다. 일 년 동안 정성들여 가꾼 보람이 있어 노랗게 꽃봉오리를 맺기 시작한 국화 옆에서 끝없이 재잘대며 미래를 향한 부푼 꿈을 이야기하느라 시간 가는 줄 몰랐다.

소녀 시절 한 번쯤 문학소녀의 꿈을 꾸지 않는 사람이 어디 있으랴. 저마다 가슴속에 품고 있던 응어리를 글로 풀어내어 선보이던 문집전이 인기였다. 순수함과 풋풋함으로 미숙함과 어설픔을 채워가던 미완의 시기였다.

이제 사십대 후반의 중년이 되었을 그 많은 소녀들은 지금 어디서 무엇을 하고 있을까. 모임 때마다 사람을 불러내어 꽤나 못살게 굴던 그들도 그때 자신들의 나이가 된 아이들을 키우며 애태우리라. 그때도 노래는 필수였다. 한 곡 부르지 않고는 해방될 수가 없었다. 당시 한창 주가를 높이던 이용의 〈잊혀진 계절〉을 애창곡으로 삼았다. 노랫말이 좋았고 계절적으로 적절했다. 감수성 많은 소녀들의 마음을 흔들어 놓기에 그만 한 무기가 없었다.

가을은 본질적으로 슬픈 계절이다. 한 해가 저물어 가는 마당에 날씨마저 써늘해지고 겨울이 오기 전에 서둘러야 할 일도 많다. 여름 내 짙푸르던 잎사귀들이 서서히 색을 바꾸기 시작한다. 씩씩하기만 하던 들풀도 열매를 맺고 겨울을 맞을 준비를 한다. 자연이 이러할진대 인간의 심사가 어찌 평온할 수 있을까. 세상 섭리라는 것은 인간의 감정과는 처음부터 무관하다. 아무리 발버둥을 쳐도 날아가는 세월의 화살은 아무도 잡아둘 수가 없다.

엄격하게 따져보면 과거와 미래라는 것은 허상에 불과하다. 둘다 실체가 없는데도 그저 우리들의 관념 속에 존재할 뿐이다. 살아 숨쉬고 있는 지금 이 순간 현재가 있을 뿐이다. 나이 탓일까. 이제 막 지천명을 넘겨 인생의 내리막길에 들어서고 보니 미래보다는 과거에 대해서 더 많이 연연하게 된다. 시간의 절대적 길이는 같지만 사람마다 느끼는 상대적 길이는 다르다. 겨우 돌이 지난 아이와 팔순을 넘긴 노인의 시간이 어찌 같을 수가 있을까. 분명한 것은 살아온 세월의 길이에 관계없이 과거보다는 미래가 훨씬 더 중요하다는 점이다. 지난날에 연연하기보다는 앞으로 다가올 미래를 보자. 오늘 이 순간을 알뜰하고 규모 있게 쓰자. 그렇게 하는 것이 먼 훗날 후회를 남기지 않는 깔끔한 처세술이다.

속절없이 깊어만 가는 이 가을밤, 또 다른 감동으로 〈잊혀진 계절〉에 빠져본다. 잃어버린 그 시절을 되찾으려고 애를 써 보지만 역시 부질없는 일이다. 유수 같은 세월과 함께 연기처럼 사라져버린 30년! 그때의 친구들을 지금 다시 생각한들 무슨 의미가 있으랴. 세월의 흔적이 그들의 어깨에도 무겁게 내려앉아 청순하던 그 모습 몰라보게 변했을 터이다. 차라리 그때의 해맑은 모습을 기억의 창고 속에 고이 간직해 두는 것이 좋으리라.

착각은 망각인가

뭇 사람들의 시선이 일제히 내게 쏠리고 있는 듯해서 순간적으로 당황한다. 그러나 곧 속으로 피식 웃으며 또 한 번 가당치 않은 착각을 했구나 하고 깨닫게 된다. 그 많은 사람들이 내 쪽으로 향하고 있기는 하지만 정작 그들의 안중에는 내가 없다. 도로를 사이에 두고 서로 마주 서서 신호가 바뀌기를 기다리는 동안 반대편 쪽을 유심히 바라본다. 저쪽 사람들이 나를 주시하는 것으로 어이없는 착각에 빠진다. 나와는 전혀 상관없이 내 옆의 신호등을 주시하고 있는데 내가 주목을 받는다는 생각을 하는 것이다. 곧 터무니없는 착각에서 깨어나기는 하지만 신호가 바뀌어 서로 스쳐 지나갈 때면 조금 전 마주 바라본 사람에게 왠지 쑥스럽고 미안하다.

일상생활에서 엉뚱한 착각에 빠지는 수가 의외로 많다. 남은 전혀 관심을 두지 않는데 괜히 나 혼자 불편한 옷차림에 대해서 지나치게 신경을 쓰게 된다. 사실 눈 하나쯤 안대로 가리거나 콧등에 붉은 반점 같은 것이 돋아나도 남들은 크게 주목하지 않는다. 나한테는 심각한 변화지만 남의 눈에는 두드러지지 않는다. 지구 반대편에 수백 명이 희생당하는 대참사보다 내 주위 가까운 한 사람이 다치는 것이 훨씬 더 큰 관심사이다. 그렇다고 남의 눈에 비치는 내 모습에 대해서 전혀 무심할 수는 없다. 사람 사는 세상에 예의범절이 있고 질서가 유지되는 것은 각자 자신의 몸가짐에 관심을 가지고 스스로 삼가고 조심하기 때문이다. 남이야 무슨 생각을 하든 전혀 관심 없이 모두가 아무렇게 행동한다면 이 세상은 법도 질서도 없는 아수라장이 되고 말 것이다. 외출할 때 거울 앞에 서서 잠깐이나마 옷매무새를 살피는 것이 수없이 마주칠 사람들에 대한 기본적인 예의이다.

나이가 들어감에 따라 사람들의 시선에 둔감해진다. 몇 해 전만해도 용모에 대해서 신경쓸 일이 많았다. 다문화가정 한글수업 하는 날이면 감수성 예민한 그들에게 실망을 주지 않기 위해 꽤나 세심하게 주의를 기울였다. 그들이 과연 얼마나 눈치를 챘는지는 모르겠지만 머리 모양에서부터 꼼꼼하게 챙겼다. 품행이 반듯하고 말쑥해야 그들의 신뢰를 얻어 시선을 잡아둘 수가 있다. 전주 문학동인모임에 나갈 때에도 깔끔한 용모를 유지하고자 많이 노력했지만 그게 결코 쉬운 일은 아니었다.

집안에 혹은 개인적으로 아무리 어렵고 힘든 일이 있어도 그들 앞에서는 항상 밝고 맑은 표정을 유지하고자 애를 썼다. 나 한 사람의 어두운 모습이 그들에게 파급되어 상처를 주거나 어두운 그늘이 드리워지도록 할 수는 없었다. 교사나 강사는 능수능란한 마술사가 되어야 한다. 때에 따라서는 아무나 흉내낼 수 없는 고단수 배우가 될 필요도 있다. 그들을 위하는 일이라면 무엇이든 마다할 수도 피할 수도 없는 경우가 있기 마련이다.

바쁜 현대생활에서 남의 이목을 일일이 살핀다면 행동의 자유가 크게 줄어들어 불편한 점이 많을 것이다. 항상 남의 시각에서 세상을 보고 남의 눈에 비친 나의 모습을 염두에 둔다면 스스로의 정체성을 망각하기 쉽다. 자신의 삶을 사는 것이 아니라 남의 삶을 대신 살아주는 것이나 다름이 없다. 그야말로 주객이 완전히 뒤바뀐 형국이 되고 말 것이다. 복잡하고 할 일 많은 세상 자신을 찾고 그 중심을 잃지 않는 지혜가 어느 때보다 절실하다.

사람은 사회적인 동물이라 혼자서는 살 수가 없다. 하나부터 열까지 남의 신세를 지지 않고는 단 하루도 견디지 못하는 것이 인간이다. 아무리 능력이 출중하고 재력이 있더라도 목에 힘을 주고 위세를 부려서는 안 된다. 남과 손잡고 서로 돕지 않으면 그 모든 것이 무용지물이다. 어찌 남의 눈치를 보지 않을 수 있을 것이며 주위 사람들의 시선을 무시할 수가 있으랴. 공동체 속의 개체는 마땅히 그 규칙을 지키고 남의 심기도 살필 줄 알아야 한다.

대인관계를 원만히 하는 비결 중의 하나는 남에게 칭찬을 많이 하는 것이다. 고래도 칭찬하면 춤을 춘다는 말이 있지 않은가. 돼지도 칭찬하면 나무에 올라간다는 우스갯소리도 있다. 흠을 잡아내어 꼬집고 비판해서 상대편의 심기를 불편하게 하기보다는, 무엇인가 작은 장점이라도 찾아내어 부각시킴으로써 용기를 주고 희망을 주어야 한다. 나중에 그것이 부메랑이 되어 자신에게로 되돌아오고 결국 성공적인 인간관계를 위한 밑거름이 될 것이다.

매일 대하는 사람도 자세히 뜯어보면 장점도 있을 것이고 칭찬할 만한 구석이 있기 마련이다. 사소한 것이라도 적극 찾아내어 언급해줌으로써 용기를 주고 살맛이 나게 도와줄 수 있다. 이 세상 모든 사람들이 즐겁고 희망적으로 일상생활 중에 부딪히는 모든 난관을 쉽게 극복하게 해주자. 그것이 보다 나은 미래를 향해 함께 나아가는 길이다. 무한대의 시간 속에 하나의 점에 지나지 않는 인생 서로 격려하며 도우며 사는 것이 처세술의 기본이다.

수업이 있는 날 문을 열고 들어오는 그녀에게 '오늘 머리 스타일이 정말 좋습니다.' 라고 한 마디 던졌다. '아니에요.'하며 씩 웃으며 수줍어 한다. 한 마디 칭찬에 서로 기분 좋은 말로 보상을 받았다. 가는 말이 고와야 오는 말이 곱다는 말을 다시 되새기게 된다. 인간관계란 본디 다 그런가 보다. 착각에는 한도가 없다고 한다. 우리 인생이란 것이 천 년을 살 것 같은 엄청난 착각 속에서 살다가 백 년도 못 채우고 떠나는 허깨비 같은 것이다. 남의 시선 의식하며 단 하루도 자신의 소신대로 살지 못하는 불쌍한 존재다. 그 속에서도 확고한 정체성을 유지하려는 노력이 필요하다. 시류에 영합하지 않고 남의 이목에 초연하며 심지 굳은 삶을 산다는 것이 결코 쉬운 일은 아니다. 한 번 주어진 인생을 남의 시선에 묶어 두기는 정말 억울하다.

거울 앞에 서서 낯설게만 느껴지는 저편의 또 다른 나를 바라본다. 비록 좌우가 바뀌긴 했어도 내 모습을 정직하게 비추어주니 고맙다. 오늘 하루 과연 나는 어떤 모습으로 사람들의 기억 속에 남게 될까. 대범해지자. 남들이 어떤 시선으로 나를 보든 그것에 너무 연연하지 말자. 나의 진면목은 세상 사람들의 생각과는 무관하게 독자적으로 존재한다. 그래도 어쩔 것인가. 긍정적인 면을 더 많이 보여줄 수 있도록 최선을 다할 수밖에.

제비

봄에는 오고 가을에는 간다. 그가 오고 가는 시간은 인생의 덧없음을 느끼게 한다. 그가 오고 가는 공간은 집을 멀리 떠나온 사람들에게 슬픈 노스텔지어를 가져다 준다. 제비는 꾀꼬리나 카나리아나 앵무새와 같이 울긋불긋하게 번거로운 색깔을 갖는 대신에 흰 가슴에 검은색 신사복을 점잖게 입고 있다. 검은색의 벨벳같이 빛깔이 곱고 윤택한 몸매는 다른 어떤 새에 비해서도 날렵하고 깨끗하게 생긴 것이다. 툭 나온 가슴으로부터 굴러나오는 그의 노래, 구슬을 굴리는 듯한 그의 노랫소리를 들으면 그 마음속도 점잖고 맑고 아름다운 것 같다. 참새나 메추리나 꿩은 그 나는 모양이 제비에 비해서는 소걸음이요 오리걸음인 것이다. 독수리나 매라고 할지라도 제비의 나는 모양을 흉내라도 낼 수 없는 것이다. 사람과 가까이 사는 동물은 물론 개, 고양이, 돼지, 소, 닭들이 있겠지만 그러나 야생 조류로서 사람과 가까이 살고 있는 것은 오직 제비뿐이라고 할 것이다. 참새도 아침 저녁으로 지붕 위에서나 나뭇가지 끝에서 종알대지만 제비와 같이 처마 밑에다 집을 짓고 사는 것은 아니다. 제비는 곱고 착하고 신사紳士와 같이 믿음성이 있어서 사람을 믿고 친하게 사는지도 모른다. 참새는 그 눈부터가 죄를 저지른 도둑같이 동그랗고 울렁울렁 잠시도 쉬지 않고 고개를 까닥거린다. 사람이 옆에만 가도 질겁을 하고 달아난다. 하기는 가을마다 얼마나 많은 나락을 먹어대는가. 아마 그래서 제비는 잡아먹지 않아도 참새들은 닥치는 대로 잡아먹는지도 모른다. 봄에 집을 짓고 알을 낳고 깨어서 제비들은 새끼를 키운다. 비가 오거나 바람이 불어도 어디서 잡아오는지 금방 어미는 벌레를 물고 둥지로 돌아오곤 한다. 아직 눈도 제대로 뜨지 않은 제비새끼들이 눈을 감은 채로 그 커다란 입을 찢어질듯이 벌리고 먹을 것을 넣어 주기를 기다리면서 찌익찌익 소리를 지르며 날개를 벌리고 오두두 떨어댄다. 이렇게 해서 여기저기 희고 검은 털이 하나둘씩 나오기 시작한다. 그것들이 온몸을 곱게 감싸고 날개들이 힘을 얻어서 하늘로 날아가려면 아직도 여러 날을 더 커야 한다. 이렇게 자라난 제비새끼들이 어느덧 처마 끝에서 빨랫줄, 담장을 넘어서 새파란 하늘로 올라간다. 생명을 창조하시는 하느님의 예술은 얼마나 힘찬 것인가. 얼마나 아름답고 줄기찬 것인가. 감명을 받지 않을 수가 없다. 벼들이 누렇게 익어서 고개를 숙이는 가을이 오면 제비들은 들로 하늘로 높이 또는 낮게 저공비행을 하면서 날아간다. 벌레를 잡던 때보다 더 빠르게 더 날쌔게 하늘 높이 나는 것은 멀리 날아가는 연습을 하는 거다. 이제 날이 더 추워지기 전에 몇만 리 밖인 강남으로 되돌아가야 하기 때문이다. 이땐 수백 마리 수천 마리가 전선 위에 나란히 앉아서 쉬기도 하고 회의도 하는 것이다. 대대 중대 소대로 편성하여 조직적으로 행군을 할 것을 의논도 하고 어떻게 먼 거리를 날아갈 수 있는지 그 날아가는 방법들을 강의하는 것이다. 이렇게 준비가 끝나면 그들은 먼 여행을 떠나서 낙오자 없이 다시 강남으로 돌아가고 봄에 다시 올 것을 기약한다. 제비는 봄에 오고 가을에 간다. 우리 땅에 계절이 오고 가는 것을 알려주는 고운 새다. 제비는 우리 생활 가장 가까운 곳에 살면서 정서를 심어준다. 제비들은 봄마다 이 땅에 돌아온다.

메모습관을 필수로 하라

인생론을 강의한 유명 작가는 메모의 중요성을 주장하면서 '적자생존'이란 말을 했다. 생물학에서 말하는 적자생존適者生存이 아니라 부지런히 적는 자가 살아남는다는 뜻을 담고 있는 우스개다. 사람의 기억력이란 한계가 있으니 듣고 본 바를 꼼꼼히 적어 두고 생각날 때마다 확인하고 되새기는 것이 상책일 듯싶다. 일목요연一目瞭然하고 체계적으로 정리해두는 습관은 효과적인 학습을 위해서도 권장할 만한 일이다.

글을 쓰는 사람들은 메모광이 되지 않고는 배겨날 수가 없다. 시인은 잡초를 뽑거나 들에서 일을 할 때에도 장소를 가리지 않고 어디에서든지 멋진 시상詩想이 떠오르는 순간 꼼꼼하게 메모해둔다. 섬광처럼 스쳐지나가는 생각을 즉각 잡아두지 않으면 자기 것이 될 수가 없다. 어떤 종류의 글이든 읽기 전 반드시 필기구와 메모지부터 챙겨 옆에 놔두고 시작한다. 국어사전 그리고 영어사전도 빠지지 않는다. 꼭 기억해 두어야 할 중요한 글귀, 새로운 상식이나 용어, 신선하고 세련된 표현, 따끈따끈한 문장이 나오면 지체 없이 적어둔다. 인터넷에 들어가서 정확한 표현과 해설을 찾아 저장해두고 노트에도 옮겨둔다. 미심쩍은 부분이 있으면 즉각 검색해서 궁금증을 해소하고 잘 정리한 다음 훗날을 위해 비축해 둔다. 책이 아무리 높이 쌓여도 읽어서 내면화하지 않으면 아무 소용이 없다. 양질의 자료를 태산같이 모아 두면 무엇하랴. 그 내용을 숙지하고 정리하여 언제라도 활용할 수 있게 준비해두지 않으면 쓰레기나 다름없다.

그 어떤 것도 소화 · 흡수하여 내 것으로 만들지 않으면 땅속에 묻힌 보석처럼 그림의 떡일 뿐이다. 메모하고 적어두는 일도 중요하지만 어떻게 활용하느냐가 더 큰 과제이다. 정확하게 개념이 잡히지 않거나 막연하게 알고 있던 것도 직접 눈으로 확인하면서 손으로 적어보면 확실하게 내 것으로 만들 수는 있다. 읽는 동안 개념 정리가 되고 뇌리에 깊이 새겨져 오래 기억에 남는다. 활용은 고사하고 적어두려고 노력도 하지 않는 것은 더 큰 문제이다.

세상이 공평한 것은 부지런하면 총기가 부족해도 살아갈 방도가 있다는 점이다. 똑똑하고 영리한 사람만 사는 세상은 아니다. 능력이 모자라면 성실성으로 채우면 된다. 능력과 근면성을 두루 갖추면 더 바랄 것이 없겠지만, 항상 정신을 한데 모으고 주의를 집중해서 보고 들은 바를 체계적으로 정리하여 기록해 둔다면 감히 누가 따를 수 있겠는가. 남다른 재주를 타고나지 못했다면 귀담아 듣고 눈여겨보고 성실히 적는 것부터 착실히 익힐 일이다.

글이 없었다면 과연 지금 우리는 어떤 모습으로 살아가고 있을까. 모든 것이 구전口傳으로만 내려오고 후세를 위한 대책이 없이 당대에서 모든 것이 끝나버린다면, 다음 세대는 또다시 처음부터 똑같은 전철을 그대로 밟을 수밖에 없을 것이다. 어마어마한 인력과 시간이 낭비됨은 물론이고 문명발달도 엄청나게 느려져서 오늘날 우리가 누리고 있는 문화적 혜택은 감히 상상도 못할 것이다. 글이 있어 기록으로 남길 수 있으니 오늘도 있는 것이다.

어떤 개념을 익히거나 외울 때 반드시 눈으로 보고 손으로 쓰고 입으로 외우라고 강조한다. 세 가지가 동시에 동원되지 않으면 학습의 효과가 현저히 떨어진다. 어렵고 막연한 것도 직접 손으로 써보라. 쓰는 동안 집중해서 꼼꼼하게 정독해 보라. 그렇게 하는 과정에 개념이 보다 확실하게 잡힐 것이다. 노력이 없으면 얻는 것 또한 아무것도 없다.

과학을 비롯한 각종 기술이 하루가 다르게 발전하고 있다. 생활이 편해지니 몸을 움직여 어렵게 노동을 하거나 힘겹게 땀 흘려 애쓰려는 풍조가 점차 사라져가고 있다. 편하고 쉬운 쪽으로만 사람들의 생각이 기울어지고 있다. 이와 같은 시대적 흐름에 편승하여 아이들도 옛날처럼 힘들여 공부에 매진하려 하지 않는다. 쉽게 익힌 지식은 쉽게 까먹기 마련이다. 벌이 날아와 쏘아도 끄떡도 하지 않고 버티면서 앞만 보고 나아가는 근성이 필요하다.

명석한 두뇌나 뛰어난 재주보다는 한곳에 무섭게 집중하는 저력이 성공의 열쇠가 된다. 탁월한 재주를 지닌 사람은 자신도 모르는 사이에 교만하고 태만해지기 쉽다. 그렇지 못한 사람은 모자람을 극복하고자 남다른 노력을 하여 결국 최후의 승자가 된다. 후자가 훨씬 더 가치 있는 인생이 아니겠는가. 부단히 노력하는 사람, 항상 자신의 주위를 돌아보며 맡은 일에 최선을 다하는 사람, 그런 사람이 많을수록 우리의 장래는 그만큼 밝아질 것이다. 영악하고 약삭빠른 사람보다 둔하고 고지식하더라도 말없이 자신의 본분을 다하는 사람이 빛을 보는 세상이 되어야겠다. 그런 사회가 바로 우리 모두가 꿈꾸는 이상향이 아닐까.

땡볕 아래서 풀을 벤다

장마 끝에 풀들은 자라는 속도도 빠르고 억세고 기세가 등등하다. 바랭이는 뿌리가 깊고 넓게 퍼져 있어 어린것들도 쉽게 뽑히지 않는다. 모처럼 여유를 부리며 장화와 긴팔 남방 그리고 모자를 깊게 눌러쓰고 땡볕 아래 낫을 들고 풀을 베러 나갔다. 서툰 작업이지만 차근차근 풀을 눕혀가며 베기 시작했다. 갑자기 나타난 복병에게 놀란 풀벌레들이 눈앞에서 앞다투어 도망가느라 한참동안 난리법석이다. 서툰 내 낫질에 베여 넘어진 풀들을 거둬 한쪽에 쌓는데 풀 비린내가 진동한다. 억새풀이 고추나무 뿌리에 공생하면서 한살이 되어 쉽게 뽑히지 않는다. 뽑아낸다면 고추뿌리도 함께 뽑혀지기 때문에 포기해야 한다. 그리하여 할 수 없이 뿌리 쪽에 바짝 낫을 대고 베어내야 한다. 게으른 주인 탓에 채소들이 고통을 받는다. 틈틈이 풀을 베어내지만 지짐지짐 내리는 장맛비에 풀들이 일어섰다. 풀들은 다시 텃밭을 호시탐탐 노렸다. 나도 또다시 낫을 들었다. 풀은 끝까지 저항하다가 쓰러진다. 여름 내내 풀과 전쟁을 치르며 나는 지쳐갔다. 무시무시한 한삼넝쿨이 톱날을 세워 허공을 더듬으며 채전 정세를 염탐한다. 밤이면 달맞이꽃 포병들이 펑펑 노란꽃망울 대포를 쏘아댄다. 쇠뜨기 보병들이 무리 전술로 밀고온다. 저 밀려오는 푸른 것들의 공세를 이길 수는 없다. 저 맹렬함에 나는 굴복한다. 다시 풀을 뽑는다. 뿌리가 흙을 움켜쥐고 있다. 흙 또한 뿌리를 움켜쥐고 있다. 뽑히지 않으려고 푸들거리는 풀은 작은 씨앗 몇 개를 몰래 구덩이에 던져 놓는다.

풀독이 올랐다. 잡초를 뽑았을 뿐인데 팔뚝과 다리에 붉은 반점이 돋았다. 풀과의 전쟁이 한 판 끝나고 나면 어김없이 풀독으로 한동안 가려움에 시달려야 한다. 개여뀌, 한삼넝쿨이 별사別辭를 새겨 놓는 것일까 꼭. 꼭. 철필로 눌러쓴 절명의 문자들 며칠째 불침번 서며 내 잠을 쓸어낸다. 결국 온몸이 풀독 알레르기로 병원처방을 받고 말았다. 풀이 나를 이긴 것이다.

쑥대밭이 되고 개밥바라기도 쭈그러져 내동댕이쳐진 밤, 시퍼렇게 독이 올라 팔뚝 위에 갈필로 긁고 일어선 저 날선 복병들에게 나는 전복顚覆될 것이다. 아플 만큼 아파 본 사람만이 망각과 폐허도 가꿀 줄 안다. 가만히 돌이켜보니 나는 저 풀포기를 잡고 일어난 적이 있었다.

나의 수첩에 기록되어 있는 아름다운 이름들, 마음 끝에 닿으면 등불이 되는 이 세상 작은 이름 하나를 위해 들꽃들은 버티고 있다.

기세등등한 늦은 가을이 오고서야 풀들은 성장을 멈춘다. 때를 아는 것이다. 가야 할 때와 와야 할 때를 자연의 법칙으로 아는 것이다. 이 세상에 생멸하지 않는 것이 어디 있으랴.

불협화음

새가 기지개 켜는 소리에 눈을 떴다. 그 소리에 동요하면서 작은 날갯짓은 이내 크고 작은 빠른 리듬이 되었다. 다른 새가 날아와 합류하며 재잘거린다. 새 두 마리가 티격태격 짹짹거리다 이내 주변이 소란스러워졌다. 장마가 그치자 참새들이 빨랫줄에 앉아 깃털을 말린다.

음악을 좋아하는 주인 덕분에 외딴집 정자에서 새들은 거의 일상생활을 해결한다. 봄이 오면 들꽃들에게 어서 깨어나라고 일찍부터 오디오를 켜 놓고 음악을 들려준다. 부지런한 새들도 둥지를 틀기 위해 먼저 처마 밑으로 자리를 잡는다. 이름은 알 수 없지만 예쁜 새가 상량에 올려놓은 커다란 스피커 속에 둥지를 틀고 새끼를 기르며 살고 있다. 안전지대다. 내가 깜박 잊고 오디오를 켜지 않을 때에는 새소리가 마치 오디오 음악소리 같은 착각을 한다. 계속 같은 음이 반복될 때 그때서야 새소리로 채워졌다는 것을 안다. 5월 말에서 6월경에는 산란을 한 조류들의 부화시기이다. 이 어린것들이 클 때까지 오디오를 켜면 안 되겠구나 싶었다. 아직 눈도 못 뜬 새끼들을 나가라고 할 수도 없고 볼륨을 크게 하면 놀라 높은 곳에서 떨어질까 염려스럽다. 이젠 변주곡이 되어 이들의 소리가 화음이 이루어지지는 않지만 소리를 모아보면 음악이 된다. 깃털 사이로 부리를 들이밀고 서로를 긁어주는 모습을 창문에 턱을 괴고 오래도록 지켜본다. 빨랫줄에 앉았다가도 빠른 비행으로 먹이를 찾아 날아간다. 먹어도, 먹어도 채워지지 않는 새끼들의 배, 해 질 녘이면 아비 새는 지쳐 난간에 앉아 더 이상 날지 않는다.

강가의 모래밭에 찍힌 물새나 철새들의 가늘고 조그만 발자국들을 보면 그 자리에 새가 없어도 반갑다. 새들은 항상 자유의 상징으로 부각되지만 새들 하나하나는 자유로운, 그만큼의 고독을 안고 사는 것 아닌가 생각해 본다. 나도 마음이 울적해지거나 이기적인 욕심이 들 때 문득 하늘의 새를 바라본다. 핏빛 같은 햇살을 쪼으며 불현듯이 왔다가 사라지는 새처럼 자유롭고 고독하게 살기도 쉽지 않은 듯하다. 깊은 밤에도 문득 새소리를 들으면 마음이 숙연해진다. 수많은 새들 중에 내가 알고 있는 이름은 몇이나 될까. 쏙독새 머슴새 등 이름을 구별해서 궁금증을 풀기 위해 조류사전을 찾아보았다. 까마귀, 찌르레기, 꾀꼬리, 종다리, 할미새, 제비, 두견새, 동박새, 비둘기, 귀신새, 까치, 뜸부기 등 종류가 너무 많고 새들의 이름은 또 얼마나 많은지 일일이 기억하기 어렵다. 내가 가까이 가려면 이내 저만치 달아나 버리고 마는 새는 그 겉모습보다도 그냥 소리로 친해지고 적당한 거리를 두고 소리를 듣는 것이 더 좋을 것 같다.

진혼곡

인생사 가운데 장례식보다 더 장엄한 행사가 또 있으랴. 무거운 상여를 메고 한 걸음 한 걸음 나아가는 모습은 차라리 한 폭의 아름다운 그림이었다. 상두꾼은 행렬의 맨 앞에서 속도를 조절하며 조심스럽게 나아간다. 상두꾼들의 절절한 소리는 일품이었다. 상여꾼들의 노래가 마냥 구슬프고 애절한 것은 아니다. 의외로 해학과 웃음, 인생고해에 대한 넋두리, 생시에 못 다한 일에 관한 회한과 아쉬움이 가득하다. 죽음이란 원래 남의 일인 줄 알았는데 바로 자신의 일임을 뒤늦게 깨닫고 생전에 좀더 열심히 살지 못하고 많이 베풀지 못하고 이웃에게 너그럽지 못했던 것을 구구절절이 후회한다. 억울하게 죽어 원망스럽다는 표현은 거의 없고 죽음 자체를 담담하게 받아들이는 초탈한 사생관이 담겨 있다. 장지에서도 예기에 적

시된 절차에 따라 진행된다. 묘지 주위를 배회하고 있는 잡귀를 사정없이 내쳐 고인이 편안히 쉴 수 있게 한다.

문득 어렸을 적 마을 뒷산 묘지 근처에서 뛰어놀던 생각이 난다. 술래잡기를 할 때 가장 안전한 은신처가 상여막이었다. 하지만 겁이 많고 소심해서 감히 근처에 다가갈 엄두를 내지 못했다. 꼭 옆을 지나쳐야 할 때도 멀리 우회해서 피해가곤 했다. 언젠가 용감한 친구들 틈에 끼어 문틈 새로 들여다봤던 기억은 있다. 상여가 놓여 있고 방틀이며 상여를 장식하는 인형이며 띠, 알록달록한 색실 등 모두가 기분 나쁘고 등골이 오싹한 것들이었다. 귀신이 돌아다니며 내 뒷덜미를 잡아채거나 나를 어디론가 데려가는 게 아닌가 하는 생각에 밤에 잠을 자다가도 가위눌림을 당하는 일도 있었다.

따지고 보면 삶과 죽음은 종이 한 장 차이다. 잘난체들 하지만 숨이 끊어지면 그것이 바로 죽음이 아닌가. 상두꾼 노래에 '저승길이 멀다더니 대문 밖이 저승이네.' 라고 하지 않는가. 어리석게도 죽음을 코앞에 두고도 눈치채지 못하고 거드름을 피우고 생떼를 쓴다. 태어날 때는 순서가 있어도 죽음에는 순서가 없다. 바람 앞에 등불 같은 우리네 인생, 언제 어떤 형태로 죽음이라는 복병이 느닷없이 성큼 다가설지 그 어느 누구도 모른다.

인생에 있어서 불가사의한 두 가지 경험이 있으니 탄생과 죽음이다. 사람들은 각기 각양각색의 모습으로 살아가고 있지만 태어날 때의 경험을 기억하는 사람은 아무도 없다. 죽음 또한 마찬가지다. 각자 다양한 형태로 죽음에 임하는 바로 그 순간 생을 마감하니 아무도 그 느낌이나 고통을 알 수가 없다. 이 두 가지 신비스러운 경험 사이의 간격이 바로 인생이다. 한 가지 분명한 것은 지금 살아 있는 사람이면 누구도 죽음을 피해갈 수 없다는 점이다.

죽은 자는 말이 없다. 상두꾼들이 목이 쉬게 외쳐대는 노래도 결국은 살아 있는 자들을 위한 경고요 넋두리다. 고인의 입을 빌어 말하고 있지만 실은 그 자리에 모인 사람들의 심경을 집약해서 전하고 있는 것이다. 생전에 고인과 알게 모르게 맺은 어떤 인연의 끈에 이끌려 그 자리에 나온 사람들에게 망자가 보내는 마지막 인사인 것이다. 조문객들도 언제 닥칠 지 모르는 자신의 죽음에 대해 생각하고 남은 인생을 삼가하며 경계하는 계기로 삼을 것이다.

조선시대 왕릉에 대한 특집이 실려 있는 기사를 본 적이 있다. 유네스코 세계문화유산에 등재된 것을 계기로 큰 지면을 할애하여 심혈을 기울여 작성한 기사였다. 엄청난 물자와 인력을 투입하여 국상을 치르는 전 과정을 자세히 설명했다. 국왕이 승하하면 국상을 반포하고 금주령을 내려 가무음곡을 삼갔다. 국장도감이라는 임시기구가 설치되고 5, 6개월에 걸쳐 만 명에 가까운 인부가 동원되어 왕릉을 조성하고 장례 준비를 하였다.

이렇듯 제왕의 죽음은 온 국민에게 말할 수 없는 불편과 제약을 가져다주었다. 더군다나 힘깨나 쓰는 장정들은 장기간 동원되어 고된 노역에 시달렸다. 절대군주가 생살여탈권을 행사하던 시대였으니 누가 감히 토를 달겠는가. 민초들은 한 마디 불평 없이 따를 수밖에 없었다. 천하의 모든 것이 군왕의 소유물로 여겨졌으니 이론의 여지가 있을 수가 없었다. 시정의 필부는 지엄한 임금의 용안을 감히 한 번 쳐다볼 수도 없었던 시대가 아니었던가.

상엿집과 상여도 서민과는 상당히 거리가 있는 듯하다. 단단한 목재로 제대로 지은 기와집하며 그 속에 보관 중인 여러 기구나 장식물로 보아 상당한 지위에 있는 권문세가가 아니고서는 누리기가 힘들었을 것 같다. 까마득한 옛적 고향 마을에서 수없이 많은 장례 행렬을 봤지만 그때 보지 못했던 화려한 장식이나 도구가 즐비했다. 죽고 사는 것은 종이 한 장 차이일 뿐이다. 달관한 성인이나 그에 버금가는 분이라면 삶과 죽음의 경계를 자유롭게 넘나들며 초연한 생을 누릴 수 있을 것이다. 그러나 사소한 일에 집착하여 큰 세상을 보지 못하는 우리들은 하찮은 일에 승부를 건다. 눈앞의 작은 이익에 연연해서 미련을 버리지 못하고 속을 끓인다. 대아를 위해 소아를 과감하게 던지고 큰 가치를 위해 작은 가치를 서슴없이 버릴 때 아집과 미망迷妄에서 깨어날 수 있으리라.

자식을 키우면서 알게 모르게 저지른 실수와 오류가 얼마나 많을까. 자라나는 세대에게 우리의 가치, 전통을 지킬 수 있도록 가르쳐야 한다. 정체성을 잃지 않도록 지도하는 일이 얼마나 중요한 일인지 이제야 깨달았으니 한심하기 짝이 없다. 부끄럽지만 늦게나마 우리의 뿌리와 혼을 찾고 그 중요성을 널리 전파해야 할 책임감을 통감하고 있으니 다행스러운 일이 아닌가.

죽음 앞에 당당히 나서 의연하게 대응한 선인들의 체취를 느낄 수 있는 조선시대는 아니지만 드라마 사극을 통해 많은 것을 배운다. 우리 것을 찾아주느라 작가들은 동분서주한다. 삶과 죽음의 경계선을 과감히 무너뜨린 상두꾼의 애간장을 녹이는 곡소리는 주위를 숙연하게 할 만큼 실감이 났다.

남은 시간의 길이가 문제일 뿐 우리는 앞서거니 뒤서거니 모두 이 세상을 떠나야 한다. 억겁의 시간에서 볼 때 인생이란 한 점에 지나지 않는다. 아옹다옹 다투고 미워하고 싸울 이유가 전혀 없다. 베풀고 양보하며 살기에도 짧은 인생이 아닌가. 삶과 죽음이 서로 이웃하고 있으니 죽은 자를 위한 진혼곡보다는 살아 있는 사람들을 위한 격려와 축하의 노래를 부르자. 죽음이란 것이 반드시 맞이해야 할 숙명이라면 미리 익혀 축제가 되도록 하자.

산다는 것은 과연 무엇일까? 이 바쁜 세월에 웬 한가한 넋두리냐고 혹자는 반박할 것이다. 그러나 바쁘다는 핑계로 살기 어렵다는 구실로 사람 사는 본질에 대해서 망각하고 있는 것은 아닌지 생각해 보자. 한 치 앞을 모르는 우리네 인생이 아니던가. 내가 인생을 살고 있는 것인지, 인생이 나로 하여금 살도록 강요하고 있는지 모르겠다. 가끔은 삶과 죽음에 대해 진지하게 생각해 보자. 그래야만 이 세상을 하직할 때 후회를 남기지 않을 것 같다.

녹차보다 커피 맛이 좋다

아침이면 커피를 마신다. 마치 식사 챙겨 먹듯 거르는 일이 없다. 커피를 마시고 밖으로 한 바퀴 돌고 나면 활력이 생긴다. 누군가 안주 없이 깡소주 마시듯이 나는 아무 첨가물 없이 진한 커피를 마신다. 설탕이 많이 섞인 일회용 커피는 뒷맛이 개운치 않다. 자꾸 위산이 올라오는 듯한 느낌이어서 아마도 프림 때문이 아닌가 싶다. 그래서 일회용 커피는 좋아하지 않는다. 다만 외부에서 내가 마시는 방식대로 마실 수 없을 때에는 어쩔 수 없이 설탕, 프림을 덜어내고 마신다. 집안에 커피잔보다는 다례를 하는 다기가 훨씬 더 많다. 1인 다기부터 2인 다기, 3인 다기, 4인 다기, 5인 다기까지 사람 숫자에 맞춰 마실 수 있는 다기가 준비되어 있다. 그런데 몇 년 동안 녹차를 마셨는데도 다례를 하는 자세가 아직도 부자연스럽다.

이렇게 골고루 다기를 준비한 것은 내가 아니다. 어느 날 서울에서 시아주버님이 친구 분들과 오셨을 때 차 대접을 한다고 녹차를 끓였는데 다기가 없어서 커피잔에 드렸었다. 그 다음부터 아주버님은 집에 오실 때마다 아무 말씀도 없이 다기를 사 들고 오는 것이다. 물론 녹차를 겸해서 가지고 왔다. 다례상이 없어서 쟁반에 올려놓았더니 이번에는 지리산 등산을 하고 오면서 큼직한 나무로 만든 찻상을 차에 싣고 오셨다. 그래서 다례를 할 수 있는 모든 조건이 갖춰졌다. 시아주버님은 녹차를 비롯한 전통 차에 관심이 많아서 이름과 용도도 모르는 여러 가지 기구를 자주 사 오신다. 크고 작은 찻잔을 비롯하여 물을 끓이고 차를 준비하는 전 과정에 필요한 다구들이 조그만 진열장 하나를 가득 채웠다. 숙부님이 요양 차 계시는 동안에는 날마다 녹차를 끓여 마셨다. 다례를 하는 일은 참으로 챙겨야 할 것도 많다.

모든 일은 초기에는 관심이 많고 열의도 넘치기 마련이다. 숙부님이 돌아가시고 난 후 요새는 열기가 식어 옛날 같지 않다. 다도를 제대로 실천하려 해도 상대가 없다. 남편은 늘 분주하여 여유 있게 차를 마실 시간이 없다. 가끔 지인들이 오면 분위기를 잡고 녹차를 대접해 보지만 늘 바쁘게 살다 보니 제대로 우러난 녹차 맛을 모르겠다. 녹차를 음미하며 감상에 젖을 시간이 없다. 또 바깥일을 하다 보니 한동안 삼갔던 커피 쪽으로 다시 기울게 되었다. 원두커피를 조제할 만한 처지는 못 된다. 쉽게 포트에 전기코드를 꽂아 끓는 물에 커피알갱이 한 스푼만 넣으면 간단하게 마실 수 있다. 은은하고 깊은 맛은 별로지만 시간이 많이 걸리고 절차가 복잡한 녹차보다

한결 간편해서 좋다.

우리나라 차 문화를 일으킨 초의선사에 관한 책을 비롯하여 차의 명맥을 이어온 분들에 대한 책을 읽은 적이 있다. 차에 심취하고 차를 이해하기 위해서는 많은 공부와 노력이 필요할 것 같다. 느긋하게 여유를 갖고 관련 서적을 탐독하고 몸과 마음을 닦는 경건한 자세부터 가져야 한다. 항상 무엇엔가 쫓기는 듯 허둥지둥 바쁘게 살아가는 사람과는 촌수가 한참 멀다. 나 같은 속물에게 다도란 격에 맞지 않는 사치이다. 무엇보다도 기본이 갖추어지지 못했다.

녹차는 은은하고 조용한 분위기 속에서 자신을 돌이켜보는 마음의 여유가 있어야 제대로 그 맛과 향기를 음미할 수가 있다. 차분한 가운데 마음을 가라앉히고 내면의 세계로 깊이 침잠할 수 있는 수도자적 자세가 요구된다. 덤비지 않고 침착하며 깊은 무의식의 영역까지 들어갈 수 있는 정신력을 지녀야 한다. 다관에서 끓은 물을 바로 쓰지 않는다. 적당한 온도가 될 때까지 참고 기다려야 한다. 스스로 마음속을 들여다보고 잡념을 없애며 정신을 한곳으로 모아야 한다. 산만하고 너저분한 상태에서는 올바른 맛과 향을 누릴 수 없다.

녹차에 비해 커피는 즉흥성이 강하고 맛과 향 또한 강렬하다. 원두커피가 아니면 절차가 간단하여 손쉽게 준비할 수 있다. 향기가 지극히 공격적이어서 녹차보다는 훨씬 멀리 퍼져나간다. 마음을 안정시키는 작용도 있지만 들뜨게 하는 역할도 그에 못지않다. 저녁에 커피를 마시면 잠을 쉽게 이루지 못하는 것도 이런 각성효과 때문이다. 녹차에도 카페인 성분이 있지만 커피와는 비교가 되지 않는다. 그만큼 커피는 중독성이 강하고 흡인력이 더 크다. 커피에 중독된 사람은 있어도 녹차에 중독된 사람이 있다는 말을 들어본 적이 없다.

작년 겨울에 지리산 천왕봉을 등산할 기회가 있었다. 한겨울이라 기온이 뚝 떨어졌다. 새벽에 일출을 보려고 천왕봉에 올랐는데 영하 20도, 입김까지 얼어붙어 버렸다. 천왕봉 설경 속 비경에 취하기도 전에 얼어 죽을 판이다. 뼛속을 파고드는 추위를 이기기 위해 보온물통에 뜨거운 물을 채워 커피까지 가져온 동료가 일회용 커피를 내놓았다. 한 잔 마시지 않고서는 배길 재간이 없었다. 얼어붙은 손을 비벼가며 마시던 그때 그 커피 맛을 지금도 아니 평생 잊을 수 없을 것 같다.

요즘에는 녹차도 일회용 제품으로 많이 등장한다. 현미 등 다른 성분을 보태어 다양해졌다. 끓인 물에 티백 봉지만 담그면 저절로 우러난다. 하지만 이런 식의 즉석 녹차에는 흥미가 없다. 깊은 맛과 그윽한 향기를 느낄 수가 없다. 이물질이 녹차 본래의 향기와 맛을 왜곡시켜 정체불명의 음료로 변질시켜 버린다. 티백녹차보다는 차라리 생강차나 율무차를 택한다. 녹차는 아무래도 제대로 된 절차를 따라야 제 맛과 향기를 낼 수 있다. 시간에 쫓겨서 혹은 편리하다고 모든 과정을 생략하고 성의 없이 준비한 찻잔으로는 선뜻 손이 가지 않는다.

혹자는 커피를 '서양사람들 보약'이라고 한다. 일리가 있는 말이다. 우리가 숭늉을 마시듯 그들은 습관적으로 커피를 마신다. 그들이 애호하는 커피는 강력한 맛과 향이 나는 커피가 아니다. 첨가물이 전혀 없는 농도가 묽고 부드러우면서도 연한 맛의 블랙커피이다. 각종 연수회, 세미나, 회의 등 아침에 사람들이 많이 모이는 장소에는 어김없이 등장한다. 휴식시간에 케이크나 도넛 등 간단한 먹을거리와 함께 나온다. 서로 이야기를 나누면서 가볍게 마실 수 있는 상용 식품이다. 이런 커피가 없으면 공부도 연구도 어려운 사람도 많이 보았다.

밤늦게 써야 할 원고를 쌓아 두고 속절없이 잠이 쏟아질 때 조용히 주방으로 향한다. 남들은 오후에 커피를 마시면 불면증으로 잠을 못 이룬다고 하는데 나는 커피를 마셔도 금방 잠이 쏟아진다. 이쯤 되면 어지간히 중독된 상태임이 분명하다. 은은하고 부드러운 녹차가 강하고 진한 커피를 이기지 못한다. 여러 잔의 녹차 속에 커피가 단 한 잔만 섞여 있어도 그 강렬한 향취가 순식간에 차향을 완전히 압도해 버린다.

한밤중에 창문을 열고 풀벌레소리 들으며 혼자 마시는 커피 맛을 어찌 말로 다 표현할 수 있으랴. 잠을 쫓는 데는 부드러운 녹차보다 강렬한 커피가 제격인 것을 어찌하랴. 진열장 하나 가득 가지런히 엎드려 있는 크고 작은 찻잔과 다기들이 스며든 달빛을 받아 은근히 눈부시다.

새로움

하늘 아래 진정 새로운 것이 어디 있으랴만 그래도 요즘 나는 날마다 새로워진다. 시골 정취에 푹 빠져 있다. 들로 산으로 다니면서 내가 알 수 없었던 나물들의 이름을 하나씩 외우며 기억창고에 저장한다. 나물 중에 곰취, 참취, 개취 등 취나물 종류도 여러 가지다. 그 중에 삿갓나물, 곰보배추를 안 것이 지난봄이다. 산나물이라고는 취와 고사리밖에 몰랐는데 집안 어른들 따라 산에 다니면서 독이 없고 먹을 수 있는 여러 가지 식물에 대해 배웠다. 곰취, 참취, 개취는 거의 이파리가 비슷해서 식별하기 어렵다. 그런데 데쳐서 맛을 보면 차이가 난다. 참취는 향이 진하고 부드럽다. 개취, 곰취는 잎이 약간 털이 있고 껄끄러우며 향이 떨어진다. 씹히는 맛이 즐겁지는 않다. 삿갓나물은 잎이 마치 삿갓처럼 엉성하게 생겼다. 그러나 나물로 무치면 맛은 고소하고 구미를 당긴다. 어린 잎 때에는 잔털이 뿌옇게 묻어 있다. 그래도 어린 잎일 때 부드럽고 맛이 난다. 곰보배추는 겨울부터 논이나 밭 언덕에서 자란다. 배추처럼 생겼는데 잎이 우둘투둘하다. 한약재로 쓰이며 여러 가지 약효를 가진 식물이다. 김치를 담아 먹기도 하고 말려서 분말로 만들어 차로 마시기도 한다. 어렸을 적에 친정어머니가 알 수 없는 나물을 한 소쿠리 뜯어 오면 내 눈에는 모두 염소가 먹는 풀이나 다름없었다. 티끌을 가려내면서 이름을 들어보고 나물 무침 맛도 보았지만 어린 입맛에 무슨 나물 맛을 느꼈을까 싶다. 어린 시절에는 모두 들판에서 반찬을 조달했던 기억이 난다. 세월이 흘러 성장하여 도시 물을 먹는 동안 까마득히 잊어버린 이름들, 남들 입에서 흘러나오는 나물 이름들을 듣다 보면 기억의 텃밭에서 희미해진 나물들이 싹을 내민다. 이제 지천명의 나이에 들면서 점점 들과 산에서 나는 나물이 입에 당긴다. 산나물에 맛들여진 후부터는 텃밭에 흔해빠진 채소들은 별로 구미가 당기지 않는다. 시장에 나가 보면 수입산 고사리들이 수북하게 쌓여 있지만 눈에 들어오지 않는다. 봄철에 몇 차례 산에 가면 일 년 동안 먹을 수 있는 고사리를 채취를 할 수 있다.

봄이면 나는 산마니가 된다. 빨리 산과 들녘이 해동되기를 빈다. 앞산에는 참취가 많고 황새골은 고사리와 개취, 참취가 많다. 장수군 넘어가는 비행기재에 가면 고사리가 지천에 널려 있다. 원증리 가는 길목 산길에는 다래순이 많다. 버드내 강둑에는 씨앗동이 많다. 나물도 제철에 맞게 채취를 해야 부드럽고 맛이 있다. 이렇게 나물이 될 만한 이파리를 말려서 묵나물로 저장을 한 것은 이유가 있다. 나물을 말려서 저장해 두었다가 내가 알고 지내는 지인들이 우리 집에 오면 밥상에 나물을 무쳐 놓아주고 싶은 것이다. 음식 솜씨는 없지만 나물들이 뿜어내는 향으로 도시에서 먹던 음식과 다르게 순수 산나물과 들나물로 시골의 정취를 한껏 느끼게 해주고 싶은 것이다. 나물이 억세고 좀 거칠거칠하지만 그들이 뿜어내는 향만큼은 누구도 만들 수 없는 것이다. 마트에 들어온 채소는 햇빛도 볼 수 없는 온실 안에서 잘 키워 나오지만 향이 없다. 대량생산을 위해 온실에서 재배한 나물들은 그 빛깔은 청초하고 부드럽지만 맛을 아는 사람들은 그 느낌을 알 수 있다. 새롭고 특이한 것은 아닐지라도 예쁘게 자란 나물들이 봄부터 가을까지 우리 집 식탁에 올라온다. 아직도 나물을 보면 볼수록 이름을 모르는 것이 많다. 나물 이름에 대한 궁금증을 풀어가며 삶의 반경을 넓혀 자연과 함께 더불어 살아갈 것이다. 그 하늘 아래 늘 새롭지 않은 것도 없는 법이어서 내게 필요한 이름들을 다시 꺼내 부르며 나는 요즘 날마다 새롭게 태어난다.

고추잠자리

세월의 변화와 시간의 흐름은 그 누구도 막을 도리가 없다. 작열하는 태양이 여전히 맹위를 떨치고 있지만 아침저녁으로 부는 바람에는 어김없이 가을 냄새가 실렸다. 혹독한 열기를 견디지 못해 열어둔 채 잠들었던 창문을 서늘한 새벽공기에 놀라 닫는다. 가을은 정녕 슬픈 계절인가. 코발트빛 하늘이 왜 그다지도 서러울까. 고추잠자리는 왜 또 그렇게 애잔한 분위기를 보탤까. 봄에 뿌린 씨앗이 결실을 맺고 연초에 계획했던 일을 마무리하며 다가올 춥고 긴 겨울에 대비해야 하니 청량한 정취를 마냥 즐기고 있을 수만은 없는 것인가. 따가운 햇살 아래 시골집 마당 한가운데를 가로지르는 빨랫줄이 외롭고 쓸쓸하다. 어디서 날아왔는지 고추잠자리 한 마리가 Y 모양의 받침대 꼭지에 앉았다. 처서를 코앞에 둔 늦더위가 마지막 기승을 부리고 있는 저녁나절에 친구들은 어디 두고 혼자 왔을까. 텅 빈 마당을 돌고 또 돌아도 누구 하나 주목하는 사람 없고 숨 막히는 적막감만 무겁게 내려앉았다.

고추잠자리는 가을을 알리는 첨병이다. 한 마리가 미리 찾아와서 지형지물을 관찰하고 형편을 살피고 돌아갔으니 조만간 무리를 지어 다시 찾으리라. 지난 수십 년간 엄청난 생태계 변화와 무분별한 개발로 인해 서식지가 크게 훼손되어 개체수도 현저하게 줄었다. 올해에는 과연 얼마나 많은 고추잠자리가 이 마당을 찾을지 두고 볼 일이다. 싸리비를 치켜들고 날래고 민첩한 고추잠자리를 무작정 쫓아다닐 아이들도 없으니 그들이 다시 찾은들 무엇하리. 집집마다 기력이 떨어진 노인네가 있는 듯 없는 듯 집을 지키고 있으니 무슨 매력이 있겠는가.

잠자리를 청령蜻蛉 혹은 청낭자青娘子라고 불렀다. 전 세계에 약 5,000여 종이 서식하고 있으며 우리나라에도 80여 종이 살고 있다. 개울가, 못, 웅덩이, 늪에서 유충으로 시작해서 10여 차례 허물을 벗은 다음 성충이 된다. 세 쌍의 다리가 있지만 걷는 데 사용되기보다는 앉았을 때 무엇을 잡기 위해 주로 쓰인다. 날렵하고 가벼운 몸체와 두 쌍의 고성능 날개가 있어 어디든지 자유롭게 비행할 수 있다. 전 방위를 거의 무제한으로 조망眺望할 수 있는 눈이 있어 적이 접근할 때나 비상사태에 민첩하고 신속하게 대처한다.

잠자리는 정말 어렵고 힘든 과정을 거친 후 옅은 갈색이 섞인 노란색 성충으로 세상에 모습을 드러낸다. 수컷은 시간이 지남에 따라 빨간색으로 변한다. 이게 바로 혼인색婚姻色인 바, 종족번식을 위해 암컷을 유인하고자 하는 본능적 전략이며 생존을 위한 처절한 몸부림이다. 지극히 오묘하고 신비스러운 자연의 섭리이다. 암컷은 원래의 색을 그대로 유지한다. 흔히 메밀잠자리라고 불리는 것이 바로 이들이다. 잠자리는 모기나 하루살이 같은 작은 벌레를 먹이로 하며 사람에게는 직접적인 해를 끼치지 않아 익충益蟲으로 분류된다.

옛날부터 잠자리는 약재로도 중요시되었다. 유정遺精을 막아주는 지정약止精藥으로 후한 대접을 받았다. 잠자리를 잡아 말려서 다리와 날개를 버리고 잘 볶아 가루를 만들어 복용했다. 신허腎虛로 인한 음위증陰痿症에 효과가 있는데 특히 고추잠자리를 선호했다. 일찍이 연산군은 구중궁궐 안에 회동습역소會童習役所를 설치하고 어리고 영리한 종들로 하여금 잠자리를 잡아 바치게 했다. 천하의 폭군이요 희대의 호색한이었으니 새삼스럽게 놀랄 일도 아니지만, 민초民草의 삶을 내팽개친 방탕함에 혀를 내두르지 않을 수 없다.

여름 초입에 세상으로 나와 늦여름을 잘 견디고 10월이 지나도록 마음껏 세상을 누비는 고추잠자리는 인간들과는 친숙한 벗이었다. 더위가 물러나고 제법 선선한 바람이 일기 시작하는 가을날, 맑고 투명한 하늘 아래 하늘거리는 코스모스를 배경으로 수백 수천 마리가 군무群舞를 추고 있는 모습은 가을이 연출하는 풍경 중 가히 압권이라 할 만하다. 무릇 모든 생명이란 숙명적으로 유한한 법이다. 수많은 벗들과 한데 어울려 얼마 남지 않은 시간을 남김없이 향유하는 그들을 보면서 우리 인간은 과연 무엇을 배워야 할까.

가을이 깊도록 사람 곁을 지켜주던 고추잠자리는 밉지 않은 손님이요 믿음직한 동반자였다. 빨갛게 익은 고추가 마당 한구석 멍석

위에서 따가운 햇살을 견디느라 몹시 힘들어할 때 고추잠자리는 친구가 되어주었다. 고추가 뿜어내는 매운 냄새가 역겹지도 않은지 가만가만 다가가서 끊임없는 날갯짓으로 열기를 식혀주곤 했다. 계속된 중노동이 힘겨워 고추 위에 앉을 때면 어느 것이 고추고 어느 쪽이 고추잠자리인지 도무지 분간할 수가 없었다. 완벽한 주객합일主客合一이요 물아일체物我一體의 경지에 이른 것이리라.

곡성에 알고 지내는 지인은 환경운동가다. 멸종위기에 있는 작은 고추잠자리를 연구하고 있다. 특허청에 등록이 되어 있다. 잠자리는 백 원짜리 동전 크기만 하다. 생태환경이 좋아야만 살 수 있는 곤충이다. 잠자리의 붉은색깔이 짙어 아이들이 가장 좋아한다고 한다. 박정수 씨는 작고 앙증맞은 붉은 잠자리 번식에 생을 다 바친 사람이다.

찌는 삼복더위도 악동들에게는 위력을 발휘하지 못했다. 개울가며 시냇물, 온통 천지가 그들의 놀이터요 물놀이장이며 피서지였다. 그 시절 여름방학 숙제에서 빠지지 않았던 것이 곤충채집이었다. 애꿎은 매미, 나비, 잠자리가 주요 표집 대상이었다. 으레 그랬듯이 한 달이 넘는 방학 기간 동안 유감없이 멋지게 잘 놀다가 개학 전 밀린 숙제를 해치우느라 며칠간 정신이 없었다. 이때가 바로 선량한 곤충들의 수난기였다. 너도 나도 잠자리채를 매고 산으로 들로 마구 나서는 통에 힘없는 생명체들이 어디 온전할 수가 있었겠는가.

얼마 전까지만 해도 여름방학이면 잠자리채를 들고 몰려다니는 아이들을 심심찮게 볼 수 있었다. 하지만 이제 그런 풍경도 옛이야기가 되었다. 유충의 서식지인 주변의 습지나 물웅덩이가 사라져버려 잠자리가 부지할 수가 없다. 하천을 복개하고 살충제를 뿌려 박멸하여 개체수가 급속하게 줄어들고 있으니 멀지 않아 영영 사라질까 두렵다. 멀쩡한 산하를 무분별하게 파헤친 죗값을 단단히 치루고 있다. 당연한 인과응보因果應報요 자업자득自業自得이다. 생활의 편리함과 눈앞의 이익만 추구하다 스스로 쳐놓은 덫에 걸려 꼼짝달싹할 수가 없게 되었다. 멀지 않아 그들이 펼칠 자유분방한 무도회를 볼 수 없을 것 같아 안타깝다. 무릇 모든 생명체는 숙명적으로 유한하지만 생명의 끈은 쉽게 끊어지지 않는다. 그것은 우리들이 환경을 어떻게 보존하고 지켜내는가에 달려 있지 않을까 싶다.

나는 섣달이 서럽다

진원박씨 가족이 된 지 29년이나 되었다. 오직 강씨라는 성 외에는 존재하는 게 아무것도 없다. 언제부턴지 강씨보다는 박씨 이름으로 사는 것이 더 익숙해졌고 강씨 집안 대소사는 다 잊었어도 박씨 집안 대소사는 거의 확실하게 기억하고 있다. 아직 친척들과 서먹하던 새색시 시절 봄이었다. 당숙 집에 어른들이 모여 점심식사를 준비하면서 조모님은 들에서 일을 하는 당숙을 모셔오라고 했다. 큰 길 근처에 논이 있어 바로 찾을 수는 있었다. 볍씨를 뿌리려고 못자리 논에서 일을 하고 있는 당숙을 향해 "당숙 식사하세요." 하고 불렀다. 아무 기척이 없다. 소리가 너무 작았나 싶어 더 큰소리로 "당숙 식사하세요." 했는데도 돌아볼 기미가 없었다. 그렇다고 논 안으로 들어갈 수도 없었다. 어떻게 소리를 전할까 궁리를 하다가 그때는 도로가 비포장이어서 자갈이 많았었다. 돌멩이 두어 개 들어 당숙 가까이로 돌을 던져 물을 튕기려고 했는데 그만 그 돌이 당숙 뒤통수를 정통으로 맞추고 말았다. 깜짝 놀라 돌아보는 당숙은 머리를 만졌다. 손짓으로 식사하라고 했더니 그제서야 손짓으로 알았다며 논에서 나왔다. 미안하고 또 새색시가 당숙에게 돌을 던졌다는 소리가 들리면 흉 잡힐까 봐 당숙 집으로 들어가지 못했다. 그 사건을 26년 동안 잊고 살다가 나도 나이가 들어서인지 친지가족들 모인 자리에서 그 이야기를 했다. 웃음을 참지 못한 친지들은 그게 놀림감이 되어 누구라도 우리 집안에 시집오면 예단으로 콩 한 말씩 가져와서 당숙 부를 때 사용하라며 웃었다.

당숙은 장애자다. 육신은 정상인데 두 귀가 전혀 들리지 않고 한 쪽 눈은 실명이고 입이 돌아가 소리는 나오는데 말을 못한다. 당숙모는 5년 전에 뇌출혈로 쓰러져 두 번의 수술을 했지만 차도가 없이 식물인간으로 병원에 누워 있다. 아들 둘, 딸 하나 자녀가 셋이 있다. 당숙은 논밭으로 뛰어다니면서 돈이 되는 일이라면 몸이 부서져라 일을 했다. 병원비도 만만치않게 나가고 생활은 늘 활짝 필 날이 없다. 당숙은 아무리 바빠도 시골생활에 서툰 내가 부탁한 일이라면 하던 일도 제쳐놓고 와서 해결해 준다. 손재주가 좋아서 뚝딱하면 멈추던 것도 돌아가고 어둠도 몰아낸다.

지난해다. 일가친척이 서울에서 사시기 때문에 시골에는 당고모들과 우리 집을 포함해서 다섯 집이 살고 있다. 작은집 당숙어른의 회갑이 돌아오는데 서로 눈치만 볼 뿐 말을 하지 못하고 있었다. 어떻게 하면 친척들과 모여 즐겁게 보낼 수 있을까 생각한 끝에 나는 우리 집에서 음식 장만하여 함께 나누자고 제안을 했다. 친척들은 모두 좋아했다. 우리 집은 몇 년 전에 동네에서 약간 떨어진 산 언덕 위에 새집을 지었기 때문에 넓어 많은 사람들을 초대해도 수용할 만했다. 한 달 전부터 계획을 세워 어렵지만 친지들의 후원금과 우리도 큰맘 먹고 금액을 내놓아 회갑준비를 했다. 친지들이 모여 음식장만을 하며 웃음꽃을 피우고 나는 읍내광고사로 나가서 '박형주 선생 회갑기념'플래카드를 크게 만들어 거실 창문 쪽으로 붙이고 고모님들은 장만한 새옷을 당숙에게 입혔다. 늘 일에 찌들어 풀기가 없어 보이던 당숙은 이날만큼은 반질반질 윤이 났다. 회갑상을 차리고 가족사진도 찍고 화기애애한 모습에 가슴이 찡했다. 그동안 혼자 사느라 이웃의 신세를 많이 지고 살았기에 인근 마을의 어르신들을 모두 초대를 해서 식사대접이라도 하니 마음의 짐이 덜어진 것 같았다. 핸드폰을 진동으로 주머니에 넣고 다녔지만 바쁘게 움직이다 보니 웬만한 진동에는 감각이 없었다. 얼마나 많이 울렸는지 진동을 느껴 얼른 받아 보니 아버지가 방금 운명하셨다는 큰오빠의 담담한 목소리가 전해졌다. 다리에 힘이 쭉 빠졌다. 아무도 모르게 밖으로 나가서 주체할 수 없이 흐르는 눈물을 거두고 아무 일 없는 것처럼 묵묵히 일을 했다. 99세의 아버지 치매로 몇 년 동안 고생을 하셨다. 70세의 며느리가 아버지의 수발을 마지막까지 들었다. 내 아버지의 목숨이 초로인데 가보지도 못하고 무슨 시당숙 회갑잔치를 해 주겠다고 동당거리고 다녔으니…… 내가 웃고 떠드는 사이 아버지는 세상을 떠나는 중이었으니…….

어느 정도 손님들이 가시고 땅거미가 질 무렵 아무리 독하게 내

색을 하지 않으려고 실실 웃음을 머금고 있어도 자꾸 눈물이 나서 결국 들키고 말았다. 그제서야 친척들 앞에서 아버지가 낮에 돌아가셨다고 했다. 모두 깜짝 놀라며 여기는 사람들이 많이 있으니 연락 받았으면 바로 가봐야지 여태 그러고 있었냐고 오히려 어르신들이 호통을 쳤다. "이렇게 좋은 날에 차마 말씀 드릴 수가 없었어요." 하며 집안일은 친척들에게 맡기고 이제 가보겠다고 주섬주섬 챙겨 전주 모 대학병원 장례식장으로 갔다. 영정 속에 아버지는 신선처럼 허연 수염을 길게 늘이고 있었다. 아버지에게 있어 나는 쉰둥이다. 내가 어렸을 때 부모님은 할머니, 할아버지였다. 젊은 부모님과 사는 친구들이 늘 부러웠다. 나는 또래들 보다 일찍 철이 들어 어른 흉내를 내며 성장했다. 늙은 부모님 밑에서 성장해서인지 시댁 어르신들과는 잘 지내는 편이다.

바짝 마른 솔잎 단처럼 너무나 가벼워 마음이 몹시 아팠다. 그 가벼움이 아버지의 실체를 두고두고 생각하게 되었다. 백 세를 채운 아버지가 돌아가셨다는 소식을 듣는 순간 아, 이제는 내 생명의 뿌리가 꺾였구나 하는 생각이 들었다. 아무 힘도 없고 능력도 없는 아버지였지만 우리의 생명이고 뿌리이기 때문에 기대고 싶은 것이 아닐까. 아버지는 긴 세월 숨쉬는 일이 빡빡해서 숨을 닫아 버리고 싶었을까. 내 흐트러진 고삐를 잡아주시는 아버지, 소나무 껍질 같은 손으로 내 눈물을 닦아주시며 절망에게 무릎 굽힐 수 없는 아버지의 뜨거웠던 말씀, 나는 혈통 좋은 아버지의 새끼다.

아버지는 세상을 버리고 봉분 하나를 얻었다. 백 년을 무병장수 했다는 소리들이 그의 생애 이별을 고하는 동안 어떤 편안한 잠이 아버지의 곁에 와 누울까. 아버지는 생시에 잠든 내 얼굴을 오래 쳐다보았듯 어제 꿈속에 나타나 내 얼굴을 오래 내려다보셨다. 더 깊은 죽음 속으로 떠나기 전 평소에 즐기시던 구름과자를 보내드리면 아버지가 피우는 담뱃불이 멀리서 반딧불처럼 깜박거리겠지. 나는 해마다 섣달이 돌아오면 참으로 서럽다.

3

"이 세상 그 무엇 하나 도반 아닌 것이 없다. 오늘은 빈 하늘에 조각달처럼 침묵하면서 귀한 도반 하나 모셔놓고 그 가슴이 말하는 것에 가만 귀 기울여보리라."

가을밤 짧은 생각

정말 신기한 일이다. 이곳까지 어떻게 올라왔을까. 방충망도 있고 이중창도 있는데 무슨 재주로 집 안에까지 들어왔을까. 그믐이 가까운 한밤중 은은한 달빛 속에 거실 창문턱에 가만히 엎드려 있는 귀뚜라미를 발견하곤 문득 계절이 바뀌었음을 실감하게 된다. 귀뚜라미가 거실까지 진출했으니 계절은 가을의 한가운데에 와있음이 분명하다. 뜻밖의 손님에게 방해가 되지 않도록 발꿈치를 들고 얼른 서재 쪽으로 몸을 숨겼다. 숨을 죽이고 한참 동안 지켜보았으나 도무지 울려고 하지 않는다. 영문도 모르고 여기까지 오기는 했으나 주위가 낯설고 여건이 맞지 않아 울기를 포기했는가 보다. 분위기를 익히고 경계해야할 일이 전혀 없다는 것을 알고 나면 울기 시작하리라.

시절의 변화와 세월의 무상함을 알려주는 것이 어찌 귀뚜라미뿐이겠는가. 사방천지에서 짙푸른 녹음을 자랑하던 나무며 풀도 서서히 생기를 잃어가고 가로수 나뭇잎에도 붉고 누른 기색이 완연하다. 일찍이 주희朱熹는 이맘때 흔히 회자膾炙되는 권학문勸學文에서 세월의 덧없음을 엄중 경고하였다. 지당의 풀잎에서 봄기운이 채 가시기도 전에 섬돌 앞의 오동잎은 이미 가을 냄새를 풍긴다고 했으니 어찌 세월이 무상하다 하지 않을 수 있겠는가. 시간의 흐름이라는 것이 같은 집 마당과 연못에서 함께 자라고 있는 풀잎과 나뭇잎마저 서로 보조를 맞추지 못할 만큼 순식간이다. 자칫 앞뒤를 모르고 허둥대다가는 세월은 사정없이 마구 흘러 자신도 모르는 사이에 머리에 서리가 내리고 허리가 굽고 눈도 침침해진다.

곰곰이 따져보면 애초에 세월을 탓한다는 것이 부질없고 우스운 일이다. 시간이란 것이 언제 우리 인간들의 허락을 받고 흘러간 적이 있었던가. 아무리 붙잡으려고 애를 쓰고 발버둥을 쳐봐도 아무 소용이 없다. 시간이란 어차피 인간의 의지와는 전혀 상관없이 정해진 우주질서와 자연법칙에 따라서 쉼 없이 흘러가기 마련인 것이다. 허깨비 같기도 하고 섬광처럼 부질없기도 한 것이 시간이다. 덧없고 허무하기 짝이 없는 것이 우리네 인생이 아닌가. 바람처럼 일순간 스쳐 지나가는 것이 세월이라서 중심을 잃고 허둥대다가는 부지불식간에 훌쩍 흘러가 버린다. 세월의 이런 속성을 잘 알고 슬기롭게 대처하고 용의주도用意周到하게 준비하는 사람만이 인생의 승자가 될 수 있는 것이다.

사실 가을이란 겨울의 예고편에 지나지 않는 것이다. 아무리 좋은 말로 수식하고 미화한다 하더라도 가을은 역시 슬프고 외롭고 안타깝기 짝이 없는 계절이다. 특히, 타관 객지에서 홀로 지새우는 가을밤이란 나그네로 하여금 뼛속까지 시리게 한다. 감당하기 어려운 처절한 외로움으로 몸부림치게 만든다. 오죽했으면 학덕 높은 최치원崔致遠마저 객지에서 가을밤을 맞이하면서 외톨이 나그네의 외롭고 나약한 속내를 감추지 못했을까. 그 또한 우리와 오장육부가 똑같은 평범한 인간이었기에 어쩔 수가 없었던 모양이다. 고운孤雲 선생은 〈추야우중秋夜雨中〉이라는 시에서 만리타향에 홀로 남겨진 나그네의 외롭고 서글픈 심사를 은근한 필치로 절절하게 담아내고 있다.

秋風唯苦吟 가을바람에 오직 쓸쓸히 읊어 보나니
世路少知音 세상엔 날 알아주는 이 별로 없구나
窓外三更雨 창 밖엔 야심한 시각 떨어지는 빗소리
燈前萬里心 등잔 앞에는 만 리로 내달리는 이 마음

군중 속의 고독이란 말이 있듯이 주위에 사람이 아무리 많이 들끓어도 인간이란 결국 혼자일 수밖에 없다. 그 중에서도 가을 객창의 고적함이야말로 웬만한 강심장이 아니고서는 견디어내기 정말 어려운 일이다. 풀벌레 소리 요란한 가을밤, 아는 사람 하나 없는 낯선 타향에서 홀로 이겨내야 하는 기나긴 가을밤의 외로움은 고역 중의 고역임이 분명하다. 생각해 보면 최치원이 감내해야 했던 고독은 고운孤雲이라는 그의 호에서부터 이미 운명적으로 타고난 일인지도 모르겠다. 멀리 중국 땅에서 문명文名을 드높이 날리며 오랑캐의 간담을 서늘하게 했던 그도 인간 본연의 속성은 도저히 벗어날 수가 없었던 것이리라.

> 秋菊有佳色 가을 국화 빛이 아름답기만 하여
> 裛露掇其英 이슬 가득 머금은 꽃잎을 따서
> 汎此忘憂物 근심 잊게 하는 술에 띄워 마시니
> 遠我遺世情 속세를 떠난 마음 더욱 깊어지누나

도연명陶淵明의 〈음주飮酒〉라는 작품의 서두이다. 속세의 풍진을 떠나 고원高遠한 곳에서 자연을 벗삼아 조풍농월嘲風弄月하며 세상을 등지고 살던 시인의 고고한 기품이 글 속에 잘 녹아 있다. 그가 구가謳歌했던 무욕無慾의 경지와 속탈俗脫의 인생관이 적나라하게 표현된 걸작 중의 걸작이다. 그는 자연 속에 묻혀 지내면서 인간 삶의 본질을 캐내고 진실한 영혼을 추구하고자 노력했다. 그의 이러한 도인道人다운 면모는 시대를 초월하여 많은 사람들에게 깊은 감동을 주었다. 가을과 국화가 멋진 조화를 이루는 가운데 여기에 술이 더해지고 시인 자신이 가세加勢함으로써 인간과 자연, 자연과 인간이 온전히 하나가 되는 멋진 모습을 보여준다.

국화는 늦은 가을 모든 꽃이 다 지고 난 다음 모진 서리를 이기며 피어나서 고결하고 청순한 풍모를 한껏 뽐낸다. 산하를 원색으로 물들이며 온갖 교태를 다 부리던 꽃들과 형형색색의 나뭇잎이 죄다 떨어지고 찬 기운이 대지를 뒤덮을 때에 등장하여 그 진가를 발휘하기 시작한다. 무서리가 내리고 찬바람이 불어도 국화의 높은 기개氣概는 좀처럼 꺾일 줄 모른다. 날씨가 추워지고 서리가 내릴수록 오히려 더 선명해지고 늠름해지는 것이 국화이다. 사람들은 국화의 우아하고 고결한 기품을 높이 평가해서 오상고절傲霜孤節이란 말로 칭송했다. 절개와 지조를 생명처럼 중히 여겼던 선비들이 국화를 가까이 하고 그 고매한 품격을 닮으려고 했던 것은 결코 우연한 일이 아니다.

당나라 현종玄宗 때의 걸출한 시인 유장경劉長卿도 〈추운령秋雲嶺〉이라는 작품에서 가을날 저녁나절 석양에 묻힌 산골의 적막하고 쓸쓸한 정취를 한 폭의 수채화처럼 담담하게 노래했다. 여기서 우리는 구름과 안개가 그리는 변화무쌍變化無雙한 풍경에 흠뻑 취한 시인을 본다. 강과 산, 그리고 석양이 서로 어우러져 멋지게 펼치는 신비스러운 조화에 넋을 온통 빼앗기고 시간가는 줄 모르는 시인을 만나게 된다. 날은 저물고 갈 길은 멀어도 시인은 조금도 개의치 않는다. 스스로 이미 자연과 동화同化되어 탈속입신脫俗入神의 경지에 이르렀으니 그가 있는 곳이 바로 선계仙界인 셈이다. 시공時空을 이미 초월한바 구태여 시간과 장소를 따지는 것이 무의미한 것이다.

山色無定姿 如烟復如黛 산색은 정해놓은 자태가 없고 안개가 그려놓은 눈썹을 닮았네.

孤峰夕陽後 翠嶺秋天外 석양 아래 봉우리 외롭고 가을 하늘 저 멀리 고갯마루 푸르구나.

雲起遙蔽虧 江回頻向背 구름 뭉게뭉게 낮은 곳 감싸고 강물 굽이굽

이 산 뒤로 숨었네.

不知今遠近 到處猶相對 얼마나 가까이 온 것일까 가고가도 산은 여전히 그 산이로다.

가을을 두고 결실의 계절이니 사색의 계절이니 하면서 한껏 추켜세우지만, 곧 들이닥칠 암울한 회색빛 겨울을 떠올리는 순간 모든 흥은 사라진다. 여름 내내 푸르름을 자랑하던 나뭇잎들이 계절의 변화에 맞추어 화려하게 치장하고 세상과 이별할 준비를 한다. 수확을 앞둔 들녘에는 황금물결이 넘실댄다. 풍성한 결실이라는 것도 알고 보면 지난 일 년간 유지해온 생명활동의 결산이요 마감이 아니겠는가. 가을의 근본 속성이란 역시 외로움과 슬픔, 그리고 아쉬움 이외에 아무것도 아니다. 색의 향연인 단풍도 겨울을 온전하게 나기 위해 나무들 스스로가 택한 보신책이요 자구自救 노력인 셈이다. 겨울을 눈앞에 두고 펼치는 서글픈 잔치요 몸부림일 뿐이다.

인간들이 가을을 맞이하는 모습을 살펴보자. 가을이 되면 우리는 여름 동안 활짝 개방해 두었던 것들을 하나하나 닫기 시작한다. 기온 강하에 따른 불가피한 선택이긴 하지만, 아무 거리낌 없이 세상에 드러내놓았던 것을 감추고 덮기에 바쁘다. 이웃과 얼굴을 마주하여 서로 어울리면서 정겹게 나누던 대화의 창도 닫아버린다. 개방적이던 생활방식은 날씨가 서늘해지고 찬바람이 불기 시작하면 폐쇄적으로 바뀐다. 각자 문을 굳게 걸어 잠그고 세상과의 교류를 차단한다. 바깥 세계와 소통하던 창문을 하나 둘 폐쇄하여 교통을 끊는다. 스스로 생활공간을 감옥으로 만들어 버린다. 심지어 집 안에서도 안방과 거실, 작은방과 큰방 사이의 문을 닫는다. 감옥 속에 또 다른 감옥을 만드는 것이다.

계절의 변화가 없으면 어떻게 될까. 많은 것이 달라질 것이다. 사람들은 나태해질 것이다. 기온이 달라지고 날씨가 바뀌고 산천의 모습이 변화하는 모습을 보면서 우리는 긴장의 끈을 늦추지 않았다. 계절이 변화하는 모습에서 달라져가는 자신의 모습을 볼 수 있고, 스스로를 추스르며 생활의 의미를 찾을 수 있다. 꽃이 피는 장면을 목격하면서 생명의 소중함을 새삼 깨닫게 되고, 길가에 아무렇게 나뒹구는 낙엽을 보면서 인생무상人生無常을 절감한다. 이 모든 것이 계절의 변화가 우리에게 주는 자극이요 교훈이다. 이들이 없다면 우리는 무덤덤하고 단조로운 일상에 빠지고 말 것이다. 계절의 변화가 가져다주는 신선한 충격이 있어 인간은 발전하고 진화進化하는 것이다.

푸르스름한 달빛이 거실까지 마구 쏟아져 들어오는 적막한 가을밤, 가늘지만 단호하고 청아하게 울고 있는 귀뚜라미 소리에 가만히 귀를 기울여 본다. 유난히 선명한 음색이 가슴 깊숙히 파고든다. 바로 가까이에서 들리는 것으로 보아 조금 전 거실에서 만났던 그 녀석이 틀림이 없다. 어렸을 적 이슥한 가을밤 캄캄한 뜰에서 구슬피우는 귀뚜라미가 궁금해서 가만가만 숨죽이며 찾아가 보았던 기억이 난다. 토담집 섬돌 밑 으슥한 구석 어디에선가 숨어서 울고 있다가 가까이 다가가기만 하면 뚝 그치곤 했다. 그 신비스러운 소리에 매혹되어 여러 번 찾아가 보았지만 소리의 주인은 좀처럼 모습을 드러내지 않았다. 이 늦은 밤 그 귀한 손님이 스스로 집 안에까지 찾아왔으니 신기하고 기특하다.

뜻밖의 진객을 맞아 잠을 쫓고자 커피까지 마셔가며 시간을 두고 느긋하게 지켜보기로 했지만 역시 역부족이다. 귀뚜라미는 지칠 줄도 모르는가 보다. 자정을 훌쩍 넘겼는데도 도대체 울음을 그치지 않는다. 이쯤에서 내가 먼저 항복할 수밖에 없다. 잠자리에 들기는 하지만 애절하고 청아한 그 소리를 꽤 오래 들었으니 혹시 꿈속에서 그 녀석을 다시 보게 될지 모르겠다. 내일 아침이면 녀석은 어디론가 흔적 없이 사라지고 없겠지. 그래도 이제 미련을 버리자. 그에게도 제한적이긴 하지만 값진 시간이 부여되었을 터이다. 그것을 누릴 수 있는 기회도 있어야 하지 않겠는가. 짧은 생애에 할 일도 많을 것이다. 지금 이 시간 그저 가만히 놔두는 것이 그를 위한 최선의 배려일 듯싶다.

토용의 다비식

장맛비 그친 뒤 오후 퉁퉁 불은 지렁이를 보았다. 장마철 먹구름처럼 마음이 오락가락하는 사이 잠시 비 그친 오후 뒷산을 오르는데 질편한 흙에서 지렁이들이 기어나와 산길 여기저기에 나뒹굴고 있다. 어떤 것은 따가운 햇볕에 기진맥진해 있었고 어떤 것은 벌써 쇠파리들의 성찬이 되고 있다. 지렁이들이 소나기에 목욕재계하고 뜨거운 햇볕 속에서 쇠파리들에게 희생공양을 하고 있다. 비가 갑자기 그칠 줄 몰랐던 지렁이들, 비 오는 틈에 잠깐 나왔다가 그만 머나먼 황천길에 들고 말았다.

붉은 살갗은 혈관을 헹구어내고 허옇게 퇴색된 살갗을 끌고 지렁이는 온몸이 발이 되어 어디론가 이동을 하고 있다. 살갗을 공격하는 개미 떼보다 몸 위로 괴성을 지르며 날아다니는 까마귀 소리가 더 아찔하다. 길은 파이고 저 온몸으로 꿈틀거리며 건너가야 하는 생, 잠자리도 날고, 나방도 날고, 새들도 날고, 온갖 것이 날아다니는데 생사의 여부는 불투명하다. 햇살 한 줄의 고뇌에도 하얗게 마르고 天刑이듯 온갖 것들의 습격을 받으면서도 살기 위해 꿈틀거리고 있다.

지렁이는 몸을 지켜낼 무기가 없다. 비록 어둡고 음울한 습지에 숨어 징그러운 몸뚱이끼리 얽혀 산다고는 하지만 몸뚱이가 흙을 품고 있는 한 풍요로운 꿈으로 모든 버려진 것을 사랑하는 몸짓으로 땅을 잉태하고 있다. 적갈색 몸이 모두 뼈다. 사람들이 징그럽다고 피해서 지나간다. 개미가 달려들어도 사경을 헤매도 불쌍해서 구해주는 이는 아무도 없다. 모두 사슬을 늘여놓고 먹이로 물고 갈 생각만 한다. 끊겨진 길에서 죽음이 앞에 닥쳐도 대처할 능력이 없다. 시멘트 길을 통과하는 동안 고통은 너무 긴 마취시간이다.

비가 개인 바닥은 더 뜨겁다. 흙 속에서는 누가 건드리지 않는다면 완전한 안전지대다. 며칠 동안 땅속에 갇혀 있다가 퉁퉁 불은 몸뚱이를 끌고 밖으로 나오면 뜨거운 햇빛이 살벌하다. 온몸이 발이 되어 긴 고무줄을 이끌고 가는 동안 개미가 줄을 이어 그 길을 사력을 다해 아무렇지도 않게 질주한다. 길 건너가던 지렁이는 개미가 몸 위를 지날 때마다 작아지고 작아져서 공기가 되어가고 있다. 제트기가 뿜어낸 길게 늘어진 구름이 지렁이 모양을 만들었다. 지렁이는 더 이상 움직이지 않는다. 누군가 장례를 치르러 몰려온다. 먹이를 챙기러 온 긴 개미 행렬이 곧 조문 행렬이다. 지렁이들은 그 누구도 시체를 옮기려 나서지 않는다. 멀리서 바라볼 뿐 시체라도 거두려고 하다간 줄초상난다. 장례식은 쉬 끝나지 않는다. 며칠이고 길 위에 뒹굴면서 살점을 하나하나 내던지는 지렁이, 하루 석양만이 얼굴을 붉히며 운다. 산길에서 일주일째 진행되고 있다.

나는 친구에게 지렁이 우는 소리 들어봤냐고 물었다. 지렁이가 운다고? 친구가 반문했다. 지금은 하수도 정비로 모두 도랑 복개를 해서 생활하수가 내려가는 것을 보기 어렵다. 옛날에는 집집마다 골목마다 시궁창이 있어 늦은 밤 외출에서 돌아와 골목으로 들어서면 이상한 소리가 순식간에 멈춘다. 어른들은 지렁이가 내는 소리라고 했다. 사람들이 오고 가는 느낌을 가장 민감하게 느끼는 것이 지렁이다. 작고하신 조모님의 살아생전에 하신 말씀이 생각난다. "밭에서 풀을 뽑으려고 호미질을 하면 다른 곳으로 피하지 않고 왜 호미 날에 잘려서 나오는지 모르겠어요." 했더니 자기 남편 죽였다고 사람에게 징그러운 모습을 보여주는 것이 복수라고 생각해서 죽음도 마다하고 나온다고 했다. 몸이 잘려지면 잘려진 만큼 지렁이 숫자가 늘어난다고 했다. 잘려진 몸에는 혈액도 없다. 비닐하우스 농장을 오래 한 이웃은 아침에 비닐하우스 문을 열면 공간에 자욱하던 지렁이 울음소리가 갑자기 뚝 끊어진다고 했다. 귀가 그렇게 밝다고 했다. 지렁이가 살지 않는 땅은 죽은 땅이라고 했다. 장마 뒤 물이 공기구멍을 막으면 지렁이는 땅 위로 올라와야 한다. 악착같이 살려고 헤매다가 햇볕에 말라 죽는다. 바로 나타난 개미들이 몰려와 장례를 치른다. 시궁창에서 풀벌레보다 작은 이상한 소리를 들었다. 그것이 지렁이의 울음소리가 맞을까. 갑자기 그것이 세상을 원망하는 소리라면 더 들어줘야겠다는 생각을 했다. 뼈도 없는 지렁이의 슬픔이 무엇인지를 조금은 알 것 같다.

햇볕 짱짱한 대낮 온몸 뒤틀며 뒹굴고 있는 굵은 지렁이 한 마리, 어제 그제 비 그쳤는데 무슨 까닭으로 시멘트 길에 나와 허공을 후벼파고 있을까. 지렁이는 뻥 뚫린 구덩이 허공을 헤집다 빠져나와 여기 뒹구는 게 아닐까. 훌렁 벗겨진 벌건 살점, 공기가 닿을 때마다 불길 이는 통증, 길고 붉은 혓바닥이 달디달게 제 몸을 핥고 있다. 그 고통의 도취! 나는 묵묵히 지켜보다가 가던 길을 다시 걸었다. 길 끝난 자리에서 제 낮은 인생을 햇볕에 고슬고슬하게 말려 저보다 작은 목숨의 개미 떼 밥이 되고 있다 지렁이가 시멘트 길을 지나간 자리 온몸으로 갈겨 쓴 글씨 같다. 촉새 몇 마리 따라가며 읽는다. 혀 짧은 부리로 쿡쿡 쪼아 맛본다. 제멋대로 재잘대는 화려한 오독 각설이 지렁이의 몸보다 길다. 오죽 답답하고 지루했으면 隱者가 몸소 나와 배밀이 하랴. 쇠파리 떼 성가신 무더위에 벌겋게 달아오른 肉 頭 文 字로. 이 괴로움 벗어 누구에게 줄까. 박명薄明의 해가 성긴 구름 뒤에 있다. 잘린 바위 틈서리에서 부리 긴 새들이 지렁이를 찢고 있다. 찢겨 너덜너덜한 몸에는 괴로움이 없다.

≪관촌수필≫에 대하여

관촌수필의 배경이 되었던 충남 보령 관촌마을로 가을 문학기행을 갔다. 신도시 개발 사업화로 이미 도시로 바뀐 지 오래인 듯 책에서 느꼈던 관촌마을의 흔적은 거의 찾아볼 수 없었다. 작가가 어린 시절 친구들과 놀았다는 왕소나무가 있던 자리는 높은 빌딩이 차지하고 그 흔적조차 없었다. 관촌수필을 대변이라도 하듯 은행나무 옆으로 작가 이문구에 대한 기념비만 있었다. 살아생전에 고인이 나에 대해 아무것도 만들지 말라고 당부하셨다고 한다. 배경에 대한 기대 때문인지 내내 허전했다. 그래서 관촌수필 소설책으로 기행문을 대신하려고 한다. 이문구의 ≪관촌수필≫은 1972년 ≪현대문학≫에 발표된 〈일락서산日洛西山〉부터 1977년 ≪문예중앙≫에 발표된 〈월곡후야月谷後夜〉 모두 여덟 편의 중단편들로 이루어진 연작소설이다. ≪난장이가 쏘아올린 작은 공≫처럼 같은 제목 아래 서로 다른 여러 편의 소설이 모여 있지만 그것이 하나의 줄거리를 엮어내는 소설이다. 소설은 소설이지만 우리가 흔히 이야기하는 '허구적'인 소설과는 거리가 멀다. 이 소설의 배경이 되는 관촌마을은 소설가 이문구의 실제 고향이다. 〈후기〉에서 작가 스스로 작품 대부분이 자기의 이야기거나 실화, 친척이나 동창들의 이야기라고 밝히고 있다. 〈공산토월〉 같은 작품은 자식이나 조카들에게 읽히기 위해 눈물지어가며 쓴 추도문과 다름없다고 말했다. 옹점이며, 대복이, 복산이 같은 사람들이 여러 모로 자신을 키운 사람이었다는 말도 덧붙이고 있다. 그래서 제목조차도 '관촌수필'이라 붙인 것으로 보인다. 수필이라는 문학은 바로 글쓴이의 체험과 생각을 그대로 쓴 문학이기 때문이다. ≪관촌수필≫은 잃어버린 고향에 대한 그리움의 기록이다. 그러나 단순한 그리움으로 덧칠된 작품이 아니라, 고향의 과거 현재를 냉철하게 바라보고 무엇이 고향을 잃게 만들었는가를 드러내주는 작품이다. 작가가 잃어버린 관촌은 한마디로 '전통적인 농촌 사회'라 할 수 있다. 어린아이에게는 자연과 더불어 하루해를 보내는 곳이며, 사람살이의 북적거림으로 가슴 설레는 곳이다. 사람 사이의 정이 있고 자연이 주는 혜택이 있고, 땅에 뿌리박은 삶이 있다. 그러나 지금의 관촌은 그 모든 것을 잃은 땅이다. 그 원인은 무엇일까? 관촌 사람들의 삶을 뒤흔든 가장 큰 원인은 6·25 전쟁이다. 전쟁은 이 마을 사람들의 삶을 뒤흔들었다. 작가의 분신인 '나'의 집안도 전쟁으로 쑥대밭이 되었다. 그 원인이며 과정이 작품 속에 분명히 드러나 있지는 않다. 그러나 전쟁이 할퀴고 간 상처가 가벼운 것이 아니었음을 짐작할 수 있다. 피난민으로 내려와 결국은 떠돌이로 살아가야 하는 윤 영감이며, 약장수를 따라다니는 가수가 된 옹점이, 전쟁으로 엎치락뒤치락하는 삶을 살던 순임이와 대복이, 전쟁의 후유증으로 일찍 세상을 떠나고 만 신현석 등 관촌 사람들의 삶을 뿌리째 뒤흔든 것은 전쟁이었다. 전쟁은 이 땅에 낯선 사람들을 불러들인다. 미군이 주둔하게 되고 낯선 서양 문화가 판을 치게 되었다. 자기 줏대를 잃고 미군들이 던져주는 음식에 달려들던 사람들의 모습은 참으로 부끄러운 기억들이다. 관촌마을은 근대화의 물결 속에서 또 한 차례 제 모습을 잃어간다. 이 땅의 근대화는 농촌을 풍성하고 여유 있는 땅으로 만들기보다는 도시에 치어 제 몫을 빼앗기는 천덕꾸러기로 만들어갔다. 농촌의 저수지는 낚시꾼들로 북적거리는, 기름진 땅은 유흥삼아 왔던 사람들이 버리는 쓰레기로 더럽혀져 간다. 그 쓰레기들을 먹고 가축이 죽고, 물이 죽고, 땅이 죽는다. 농촌에 사는 사람마저 건강함을 잃고 퇴폐 문화에 젖어 들게 된다. 이처럼 뿌리 뽑혀가는 농촌은 아예 절망적인 땅일까? 그래도 우리는 이 작품에서 어렴풋한 희망이나마 읽어야 한다. 〈관산추정〉편에 '고향을 지키고 있어, 가려면 반드시 거치지 않을 수 없는 산을 관산'이라 일컫는다는 풀이가 나온다. 관산처럼 고향을 지키는 복산의 모습은 무너져가는 농촌의 희망이다. 〈여요주서〉편의 신용모도 희망을 보여주는 인물이다. 아무것도 모르는 무식쟁이에다 굼뜬 사람이지만 짓밟히면서 다시 일어나는 기백이 있다. 우리네 민중들이 지닌 강인한 힘이 그에게 도사리고 있는 것이다. 조상에 대한 긍지와 한산이씨의 족보와 삼강오륜 속에 살다간 전형적인 이조인李朝人이었던 할아버지는 소년 시절 나의 인격 형성에 결정적인 영향을 주었으며 그 교훈은 지금에 있어서도 일상생활을 규제하는 중요한 바탕이 되고 있다. 세월은 지난 것을 말하지 않는다. 다만 새로 이룬 것을 보여줄 뿐이다. 날로 새로워진 것을 볼 때마다 내가 그만큼 낡아졌음을 터득하고 때로는 서글퍼하기도 했으나 무엇이 얼마만큼 변했는가는 크게 여기지 않는다. 무엇이 왜 안 변했는가를 알아내는 것이 더 중요하겠기 때문이다. 그러니까 작가는 4백여 년에 걸쳐 마을의 온갖 풍상을 지켜봐 온 왕소나무의 사라짐에 탄식하고, 종가宗家 같은 풍채를 지녔던 옛 고향집이 추레하게 변해 버린 주제꼴에 가슴이 미어질망정, 정작 그가 기억하고 기록해야 할 바를 '그럼에도 변하지 않는 것'에 두고 있었던 것이다. 그렇게 해서 작가가 찾아낸 것은 무엇일까. 나는 그것이 언제 어디에나 있는 '사람살이의 안타까운 마음'이라고 생각한다. 마을 사람들로부터는 정작 내침을 받거나 업신여겨졌던 대복이나 복산 아버지 유 서방을 화자는 그들의 타고난 천성의 자리로 가서 기억해내는데, 그것은 모진 세월 속에서 '그렇게밖에 할 수 없었던' 마음의 안타까움을 작가가 보려고 하기 때문일 것이다. 6 · 25 전란의 참화를 다른 어느 집보다도 혹독하게 겪은 화자의 자리에서 보면 사람들로부터 입은 모진 사연이 어디 한둘에 그칠까. 그럼에도 화자의 기억은 고난 속에서도 사람살이의 정과 예의를 가르쳐준 옹점이에게로, 돌을 좋아해 석공石公으로 불렸던 고향 마을의 한 농부에게로 자꾸만 흘러갈 뿐이다. 작가는 그러니까 사람살이의 본디 마음들이 펼쳐 보였던 그 아픈 아름다움에 대한 기억을 전쟁이나 덧없는 세월 따위에 빼앗길 수 없었던 것이다. 변하지 않는 것은 그러므로 사람살이의 그 안타까운 마음들이었다. ≪관촌수필≫의 세계는 분명 우리가 돌아가 다시 살 수 있는 세계는 아니다. 그러나 작가가 기록해준 인정의 아름다움은 우리가 되풀이 살아야 할 아름다움이다. 곳곳의 낯선 말들에도 불구하고 어느 대목에서인가 나는 소설을 속으로 흥얼거리고 있었다. 잊고 있을 뿐, 내 삶 어딘가에도 순박한 일생을 살았던 석공의 마음은 흐르고 있을 것이다. 이 소설의 미학의 중요 부분을 차지하는 것은 문체이다. 고풍스런 말투, 한학적 소양이 없이는 알기 어려운 어구, 명문의 후예로서만 알 수 있는 세간과 풍습에 관련된 말들이 많아 독특한 매력을 풍긴다. 제재가 그렇다고 해도 이렇게 여실하게 표현하기는 어렵다. 그런데 이렇게 능란하게 구사하는 것은, 작가 스스로가 그런 생활에 젖었기 때문에 가능했을 것이다. 농촌의 삶을 꿰뚫어 보는 작가, 독특한 문체를 지닌 작가, 충청도 사투리를 완벽하게 재현해내는 작가라는 평을 듣는 이문구(1941~2003)는 충청남도 대천에서 태어났다. 1963년 서라벌예술대학 문예창작과를 졸업하고 1965년 ≪현대문학≫지에 ≪다갈라 불망비≫로 문단에 나왔다. 그의 관심사는 줄곧 농촌이었다. ≪관촌수필≫에서 보여준 것처럼 전쟁과 근대화 속에서 황폐해 가는 농촌의 삶이 ≪해벽≫, ≪으악새 우는 사연≫ 같은 소설집이나 연작소설 ≪우리 동네≫, 장편 ≪장한몽≫ 등에서 생생하게 그려지고 있다. ≪내 몸은 너무 오래 서 있거나 걸어왔다≫로 2000년에 동인문학상을 수상했고 민족문학작가회의 이사장을 역임했다.

죽천공 할아버지를 흠앙하며

전남 보성군 겸백면 사곡리 죽천 박광전 할아버지의 제실 앞에 매화나무 고목에 실린 줄기가 굽이치듯 꺾이는 듯, 새 가지는 버들 같고 묵은 가지는 회초리 같습니다. 봄비가 씻어낸 가지에 매화향이 그윽하게 어리면서 꽃망울 벙그는 춘삼월입니다. 화선지에 담묵과 진묵이 엷게, 짙게 번지듯이 산과 들이 그 먹빛을 풀면서 생명을 얻습니다.

죽천공 할아버지의 택지에 모여 엄숙하게 제를 올리고 흠앙하는 종친님들을 존경합니다. 저 낙락장송처럼 푸른 기상과 고요함 속에 오돌토돌한 바위 면에 고여 있는 저 먼 윗대 죽천공이라 새겨 넣은 문자에서 할아버지의 온후한 체온이 육화되어 향으로 피어오릅니다. 가라앉은 것들을 흔들어 깨우는 것 같기도 하고 전아하면서도 호방한 글자 속에 할아버지의 고요한 숨결이 느껴집니다. 산천초목 흔하고 흔한 풍경 속에 저 무정물, 그냥 두면 세월가서 부스러져 흔적도 없을 것을 마음 담아 글자로 스미어서 현신하시고 사후에도 살아서 자손들의 가슴마다 따뜻한 당신 몸 하나씩을 새겨주십니다.

부모와 자식은 한 나무의 뿌리와 가지여서 우연히 어쩌다 태어난 것이 아니라, 조상의 염원이 어리고 세세생생의 인연이 지중하여 한 핏줄로 난다고 합니다. 설령 죽어서 유명을 달리한다 해도 그 연은 끊어지지 않습니다. 후손인 저희들은 선조들에게 있어 똑같은 길이요, 마디마디 같은 뼈입니다. 정신줄의 흐름도 마찬가지입니다. 넋의 뿌리가 되어 주신 죽천공 할아버지, 당신은 어떠하신 용모와, 어떠하신 성품과, 어떠하신 목소리와, 어떠하신 정신을 가지신 어른이셨을까요. 그리고 당신의 후손인 저희는 과연 생의 그 어느 길목에 무엇이라 이름 새겨 넣고 떠나가서 저 먼 훗날 그 어느 후손에게 이런 존경과 그리움을 느끼게 해 줄 수 있을까요. 어떻게 살아야 세월이 가도 마모되지 않고 바위에 남을 한 획을 얻을 수가 있을까요.

숨소리조차 나지 않는 대청(산)마루에 절하느라 서걱이는 옷자락 소리들만 정중히 스칩니다. 그 소리 갈피 속으로 낮은 향내가 자욱이 파고들 때 이 소리와 향내는 사람 된 자 모름지기 어떻게 살아야 하는가를 다시 한 번 돌아보게 합니다. 후손들을 윗대 어른들처럼 곧게 바르게 키워내는 게 저희의 할 일이라 생각됩니다.

여기에는 우리 조상체온과 혼백이 깃들어 계십니다. 우리 선조들의 숨결이 여기 살아계십니다. 죽천제는 우리가 누구인가 뿌리를 알 수 있는 성스러운 신물입니다.

천지에 봄빛이 가득하여 햇살은 다사롭고 마른나무 가지 끝에 새싹이 돋아 오릅니다. 종친님들, 건강한 모습으로 매년 뵐 수 있었으면 하는 바람입니다.

임실장

우리는 고향 이야기를 할 때면 가슴이 뭉클하다. 중년의 고개를 넘어간 연배들은 아름다운 추억보다는 힘들게 살았던 일들이 먼저 떠오를 것이다. 암울했던 시대를 벗어나면서 산업 사회가 점차적으로 발달하였다. 십 리, 이십 리 길을 걷는다는 것은 당연지사라고 여기며 살았던 시대, 임실 장날이면 각자 집에서 생산한 곡류, 채소 보따리를 머리에 이고 지게에 짊어지고 읍내 장으로 팔러 갔다.

비포장이지만 도로가 있어 신촌 앞으로 삽치재를 넘어 가면 길은 평평하다. 좀 편리한 길도 있지만 편리한 만큼 배로 많이 걸어가야 하고 시간도 많이 걸렸다. 사람들은 힘이 들어도 지름길인 뒷재를 넘어 갔다. 비탈진 소롯길을 한참 올라가 산모퉁이를 돌면 둥구나무가 있고 장꾼들이 잠시 쉬어갈 수 있는 쉼터가 있었다. 인근마을

월굴, 덕재, 계월 사람들은 이 고개를 많이 넘었다. 고개를 넘으면 지금의 감성리 부대 앞을 지난다. 평다리를 지나면 임실 장터다. 맨 먼저 소 전(우시장)을 거쳐 가야 한다. 예나 지금이나 우시장은 사람들이 가장 많이 모여든다. 부모님은 짐 때문에 무겁고 힘이 들지만 어린 우리들은 얼마나 설레고 기대가 되는 장날인가. 고춧값을 더 받으려는 농부와 싸게 사려는 장사꾼이 실랑이를 한참 겨루고 나면 최종적으로 서로 조금씩 양보하여 현금으로 교환이 된다. 기차표 통고무신 한 켤레 얻어 신으려고 조막발로 따라갔던 임실장, 신기한 물건들과 알록달록 예쁜 옷들이 바람에 흔들리면, 꽃무늬를 따라 두둥실 날아오르는 상상은 지금도 잊을 수가 없다. 알록달록 꽃무늬가 예쁜 다우다(나일론) 천을 떠서 원피스를 만들어 주고 멜빵 치마를 만들어 주던 어머니의 바느질 솜씨는 폼 나지는 않았지만 새옷이라 좋았다. 덜 푸 덕, 덜 푸 덕 내리치는 수제 자장면은 내 생에 최고의 맛있는 음식이었다. 골목, 골목 구경해 보지 못한 세상의 물건들이 모두 나와 있는 것 같았다. 시골에서 자라지 않은 사람은 어릴 적 장날 풍경을 이해할 수 있을까?

사람들이 장날이면 한 번쯤 들러 가는 곳, 지금도 장날이면 순대집 가마솥이 뿌옇게 달아올라 구수한 냄새를 온 장 안에 풍기는 국밥집, 이곳에서 장꾼들은 한나절의 고단함을 풀어놓는다. 임실 장은 지역 토박이 농부들과 장날마다 찾아오는 장사꾼이 만드는 대표적인 장터다. 오일 장날이면 각 지역에서 몰려드는 장사꾼과 지역 토박이 농부들이 판매하는 각종 채소, 과실, 생선, 잡화 등으로 북새통을 이루며 투박한 시골사람과 깍쟁이 장사꾼과 물건 가격을 흥정하는 광경은 아직까지도 시골시장에서만 볼 수 있는 정취 있는 풍경이다. 상설시장처럼 외형적인 장의 모습이 아니라 오일에 한 번씩 서는 장날에 만나는 사람들, 그들 장사꾼들의 문화가 그대로 담겨 있어 임실장은 그나마 오래 유지되는 것 같다. 시골 장은 우리 민족이 오랫동안 이어왔던 삶의 원형과 정서[情]가 흐르는 곳이다. 대형마트는 햇빛도 들지 않아 에누리 없는 가격으로 인색한 문화이지만 시골 장은 '에누리'와 '덤'이 후한 상징적인 문화다. 점차적으로 문화가 발달하면서 현대식으로 장터가 변하고 있다. 장작을 지펴 끓이던 국수집도, 팥죽집도, 김이 뿌옇게 오르는 찐빵집도 이제는 지붕 아래로 들어가 상시 문을 연다.

팔월 중추절과 구정은 일 년 중에 가장 큰 대목장이다. 이때만큼 시장이 풍성한 때도 없을 것이다. 마을마다 주민들이 모두 나와 장을 본다. 물건도 많다. "장날마다 이렇게 사람이 많으면 얼매나 좋을까." 생선 파는 여수댁 아주머니는 즐거운 손놀림이 바쁘기만 하다. 여수댁은 입이 거칠다. 욕도 함부로 한다. 그러나 그 아주머니를 미워하는 사람은 없다. 시장의 투박한 말투가 그러려니 하면 된다. 얼음을 수북이 눌러 덮어도 자꾸만 빛깔이 바래가는 생선도 인심이 후하다. 이것이 마지막이라며 "떨이, 떨이."라고 소리지르는 여수 아주머니. 누군가 싹쓸이를 했건만 장을 한 바퀴 돌다 그 앞쪽을 오면 다시 한 소쿠리 듬뿍 얹혀 손님을 기다리는 생선들. 그래도 그들이 밉지 않나.

요즘은 시장 보러 오는 젊은 댁은 이주여성이란다. 아직도 우리 문화에 모든 게 서툰 외국인 며느리들이 시어머니와 함께 시장을 보며 즐거워한다. 비치파라솔 끝에 걸려 있는 옷을 가리키며 시어머니가 입어보라고 권유하자 금방 얼굴에 환한 웃음이 그득하다. 몇 푼 안 되는 싸구려지만 그들은 작은 선물에도 고마워할 줄 안다. 사람 마음은 다 똑같다. 받으면 즐겁고 고마운 것이다.

요즘 정부에서 한창 목소리를 높이는 재래시장 살리기 운동에서도 시골의 장은 제외다. 시장은 지역마다 특색이 있다. 차별화하는 것 그게 장이 살아남을 수 있는 방법이 아닐까 싶다. 장날만 되면 이 세상 표정이 거기에 다 있다. 밀고 당기며 가격이 흥정되고 그러면서 도란 장(다음 장)에 또 보자며 웃으며 보내고, 값은 제대로 받고 채소를 덤으로 한 줌 덥석 안겨 주는 곳이다. 장은 임실 근방의 군민들에게 없어서는 안 되는 중요한 역할을 한다. 친구나 친지, 서로 이웃 동네에서 시집을 와 살면서도 농사일로 바빠 오고가지 못할 때 장에서 만나 서로 안부 전하고 머리파마를 하고 국수를 사 먹으며 그동안의 안부를 묻고 회포를 푼다.

농사철에는 사람들이 별로 없다. 그럴 때는 "장사꾼들이 오늘 파리만 날렸네." 하며 긴 하품으로 대신한다. 시장에는 손님들이 거의 고령의 노인들이다. 소비가 얼마나 될까마는 서로 다른 물건을 가지고 와서 팔고 또 서로 필요한 물건을 산다. 듬성듬성 고르지 못한 찰옥수수를 파는 어르신도 있고, 파 몇 단 앞에 놓고 하루 종일 꾸벅 졸고 있는 노인도 있다. 바람에 휘날릴수록 더 초라하게 보이는 옷가게, 함지박 속의 미꾸라지는 왼종일 어지럽게 빙빙 돌고, 뭣 모르고 따라나온 강아지들은 불안한 눈을 껌벅거린다. 주인은 모두 팔려나가기를 기다린다.

임실장 풍경은 살아 숨쉬고 있다. 우리 삶을 둘러보자 도시와의 비교가 크고 엄청난 것만은 아니다. 현대문명의 발달에 따라 앞만 쫓아가느라 이제까지 느끼고 볼 수 없었던 것들이 가슴 밑바닥에 잠재해 있던 감정들을 끌어올린다. 우리들 자신 속에 숨어 있는 슬픔의 원형을 장에 와서 깨우치게 된다. 우리 이제는 바쁘게 가지 않아도 된다. 천천히 가면서 볼품 없는 물건들에게 생명을 불어넣어 보자. 농촌 촌로들이 농사일은 힘이 든 것이라고 생각하지만 오히려 장에 와서 위안을 받는다. 오후 서너 시쯤 사람들이 장보따리를 들고 집으로 돌아갈 채비를 서두르면 장사꾼들의 빛바랜 천막이 서서히 거두어진다.

속세의 짐 벗어내는 곳

임실군 성수면 성수리 산 1번지 성수산, 상이암으로 올라가는 길은 속세의 무거운 짐을 하나씩 벗어내는 수행이다. 휴양림 주차장에서부터 계곡을 타고 걸어가면 자연이 준 볼거리를 충분히 감상할 수 있는 곳이다. 계곡이 길 옆으로 바로 이어져 있어 물에서 뿜어져 나오는 음이온과 산 내음이 진하다. 적당히 경사진 소롯길은 호흡을 고르지 않으면 힘이 드는 길이다. 원시림으로 싸여 있는 계곡마다 하얀 포말의 폭포수가 지친 발걸음을 잡는다. 길 양옆으로 크고 작은 나무가 이곳을 찾는 모두에게 구분 없이 사열대가 되어 예의를 갖춰 반긴다. 아름다운 궁전의 뜰에 들어온 느낌이다.

전설이나 설화로 전해지는 내용으로 보아 명산임에 틀림없다. 천년이 지난 상이암의 역사는 고려 왕건이 초야에 묻혀 살았던 삼국시대로 거슬러 올라간다. 대권의 꿈을 가지고 왕이 되기 위해 백일기도를 드려 성수 만세라는 하늘의 응답을 들었던 곳이 바로 이곳이다. 성수산은 고려태조 왕건, 조선태조 이성계를 배출한 신령스런 산이다. 당시 풍수도참가로 유명한 도선은 성수산을 보고 '천자를 맞이할 길지로 손색이 없는 곳'이라 탄복하고 왕건을 찾아갔다고 한다. 상이암은 서기 875년 신라 헌강왕 때 가야선사가 창건했다. 조선 태조 3년(1394년)에 이르러서는 각여선사가 조정의 명을 받고 크게 중수, 인근에서는 가장 웅장한 사찰로 알려졌다. 몇 번의 수난으로 소실되었다가 이후 한국전쟁 시에 또다시 전화를 입어 소규모 암자로 명맥을 이었으나 최근에서야 신도와 행정의 도움으로 사찰로서 모습을 갖췄다. 왕건은 도선의 뜻에 따라 계곡에서 백일기도를 드리던 중 관음의 계시를 얻어 기쁨을 감추지 못해 바위에 환희담이라는 글을 새겼다고 한다. 그 바위는 공사 중에 발견이 되어 지금도 상이암에 존재하고 있다. 상이암은 작은 암자답게 일주문도 없고 담도 없어 암자로 들어오는 길이 사방으로 열려 있다. 상이암은 그 깊은 역사를 아무렇게나 읽어낼 수 없다. 다만 침묵으로만 들려줄 수 있다는 듯이 오늘도 묵언수행 중이다. 누구의 경전인가 산사는 종이 한 장의 두께 속에서도 떫은 시간들이 발효되어 이렇게 향기로운가. 흐르는 물도 때로는 스스로 깨지기를 바란다는 생각이 든다. 낭떠러지 끝에서 처연하게 자신을 던지는 그 절망, 사람들은 거기서 무지개를 보지만 굽이치는 소沼처럼 깨지지 않고서 마음 또한 깊어질 수 없다. 상이암 터가 마치 아홉 마리 용들이 여의주를 차지하려는 형국이라고 동효스님이 말씀하셨다. 마음이 어지러울 때 조용히 기도로 마음 다스릴 수 있는 조용한 암자다.

한통속

씨앗동, 민들레, 고들빼기는 보고 또 보아도 그게 그것 같다. 참취, 개취, 개미취도 뿌리를 들춰보고 이파리까지 견주어도 한두 번 봐가지고는 구별하기 어렵다. 그런데 씨앗동, 민들레, 고들빼기는 이파리를 뜯으면 허연 진물이 나오고 끈적이는 것도 역시 똑같다. 그러나 자세히 보면 약간의 차이는 있다. 씨앗동은 이파리가 부드럽고 민들레는 잎 끝이 톱날처럼 생겼다. 고들빼기도 역시 이파리가 부드럽거나 톱날처럼 생겼다. 어른들을 통해서, 또는 인터넷을 통해 이것들의 사정을 확실하게 알고부터는 모두 한통속으로 알고 무조건 뜯어다 김치 담고, 쌈 싸먹고 데쳐서 무쳐먹다 보니 점점 낯이 익으면서 조금씩 구별이 된다. 씨앗동은 봄이면 겨울에 잡초를 태운 논둑이나 밭둑에 많이 나온다. 쌉싸름한 맛과 허연 진물이 겨우내 약해진 간 기능을 회복시키는 데는 그만이다. 봄철에 한꺼번에 캐다가 김치를 담그면 맛도 한통속으로, 쌉싸름하면서도 알싸한 고들빼기는 고들빼기대로 씨앗동은 씨앗동대로 조금씩 다른 맛을 보여 주며 온몸에 뜨물 같은 진액으로 톡 쏘는 쓴 내를 팽팽하게 가두어 자신을 지키고 있다. 언뜻 보면 똑같은 종자 같지만 잘 보면 모양도 맛도 다르다. 씨앗동은 그 허연 진물이 항암 치료 역할을 한다는 모 한의원 원장이 발표를 한 후로 사람들이 너나 할 것 없이 마구 뜯는다. 그런데 이것이 잘 자라기도 한다. 뜯고 난 후 며칠 뒤에 보면 어느새 새잎이 십 센티쯤 자라 있다. 연한 이파리를 고기와 함께 먹는다. 또 깻잎과 돌나물 등 여러 가지를 참깨 가루와 캐 첩을 섞어 샐러드로 만들어 먹으면 그 맛이 아주 괜찮다. 처음엔 쓴 맛이 나서 별로지만 자주 먹다 보면 쌉쌀한 맛이 구미를 당긴다. 예전 같으면 토끼풀이라고 해서 토끼에게 뜯어다 주었지만 지금은 토끼를 기르는 농가들이 거의 없어 봄이면 가을까지 지천에 널려 있다. 지천에 널려 있는 나물들 우리가 몰라서 그렇지 알고 보면 모두가 몸을 이롭게 하는 약초요, 입맛을 당기는 반찬이 된다. 조금만 부지런하면 햇빛 가득 채운 나물을 실컷 뜯어다 가족들의 입맛을 돋울 수 있다.

한통속은 포만한 하품 씻어내는 디저트가 되기 싫어서 뿌리에서 머리끝까지 달콤하기 싫어서 미지근하기 싫어서 혀끝에 스미는 향기가 싫이서 온몸에 쓴 내를 지니고 있다. 코밑에 스미는 향기가 되어 쓰디쓴 그리움으로 눕는다.

장제무림長堤茂林

방동마을에 있는 장제무림長堤茂林은 강가에 울창한 숲이 우거져 있어 전국의 숲 중 아름다운 숲으로 선정되었다. 지금까지 방동마을 숲길이 잘 보전되어 있는 것은 이 지역 주민들의 숲 가꾸기 열정과 우리가 자연을 가까이 하고 소중하게 여겼기 때문이 아닌가 싶다. 이곳 나무들은 대부분 수령이 수십 년에서 수백 년 이상이다. 오래된 몇 그루 나무들은 고사목이 되고 다시 그 자리에 씨가 떨어져 싹이 나서 자라고 새로운 나무가 자연적으로 자생하고 있다. 인간과 자연이 하나 되어 조화를 이루며 일상생활 속에 깊숙이 뿌리 내린 나무들이다. 앞으로도 아름다운 숲을 잘 보전해 대대손손 후손들에게 유산으로 물려주어야 할 일이 아닌가 싶다. 길은 다양하다. 강을 따라 가면 강변길, 하천 따라 가면 둑방길, 마을과 마을을 잇는 마을길, 집과 집을 연결하는 골목길 등이 있다. 방동 숲은 길이 좁지만 숲으로 들어서면 전후좌우로 첩첩이다. 길을 걷다가 아름드리나무 사이로 둘러보면 울울창창한 건너편 산자락이 물빛을 닮아 푸르고 푸르다. 6월의 뜨거운 햇빛을 받아 한층 더 넓어진 나뭇잎들은 이파리끼리 비비는 소리가 차르르, 차르르한다. 이 숲의 수백 년 묵은 노송들은 대개 줄기가 굽거나 굵은 곁가지가 많다. 원시적인 아름다운 모습을 그대로 간직한 숲, 길이 끝나 더는 갈 수 없는 곳에서 속마음까지 다 내놓아도 좋을 듯싶다.

숲 옆으로는 진안에서부터 첩첩 산골짝을 에돌아 아우르고 흐르는 물이 막음보에 갇힌다. 물은 임실지역과 근동 전주시 일부에 식수를 공급하는 상수원이다. 여기에 굳이 맑은 섬진강 물이라고 긴 설명을 덧붙이지 않아도 될 듯싶다.

숲에는 생명의 본성에 따라 피었다가 때가 되면 말없이 지는 평화가 있다. 방동마을은 전북 임실군 관촌면 방수리에 있다. 관촌 사선대에서 진안 냉천 방면으로 약 3㎞ 가다 보면 먼 곳에서도 한눈에 숲이 들어온다. 도로에서 우측으로 50m쯤 들어가면 방동 숲 입구에 세워진 안내문이 먼저 눈에 들어온다. 안내문에는 "임실군 관촌면 방수리 방수팔경芳水八景이 전해져 내려오고 있는데 이 중 송대백조松垈白鳥와 팔경인 장제무림長堤茂林은 이 지역 동산 숲과 하천 띠 숲의 사시장철 아름다운 경관상과 향토 역사를 고스란히 간직해온 유시 깊은 미을 숲이다. 장제무림長堤茂林은 오원천을 따라 1.6㎞에 걸쳐 펼쳐진 숲으로 이삼백 년 전 황 장군 부부가 홍수방지를 위해 심은 것이다. 띠 숲에는 교목만 총470여 주로 방대함을 자랑하며 개

서어나무, 느티나무, 팽나무가 주요 수종으로 구성되어 있다. 그밖에 갈참나무, 신나무, 줄사철나무를 포함하여 상당히 다양한 식물이 공존하는 아름다운 숲이다. 이에 따라 숲의 건강함과 연속성을 확보하기 위하여 2006년 사단법인 생명의 숲 국민운동에서 실시하는 전통마을의 복원사업을 통하여 피해목과 비전 전목을 조절하고 고사목의 후계목 식재를 통해 이 숲의 노거목을 계속적으로 지켜나감으로써 자랑스러운 자연의 보전과 마을의 향토성을 더욱 강화하고 있다. 논배미 두어 다랑 지나서 폐교가 된 초등학교가 있다. 금방이라도 풍금소리에 맞춰 아이들의 웃음소리가 나뭇잎처럼 까르르, 까르르 쏟아질 것만 같다. 지금은 청소년 야영장으로 쓰고 있다. 나무마다 푸른 물이 오르면서 비어 있던 숲 속 공간에 초록의 장막이 생겨난다. 신록이 우거진 숲에는 초록빛 안개가 늘 걸리게 마련이다. 방동 숲은 강물이 옆에 흘러서인지 마르지 않은 수채화와 같아서 금방이라도 짙은 물감이 흘러내릴 것만 같다. 초록빛이 점점 진하게 번지면서 비로소 숲에서는 새로운 초록색 바탕에 만물의 형체가 부여될 조짐이다. 숲이 끝나는 곳까지 강은 이어진다. 숲만 두고 흐르는 강물을 어찌하랴.

섬진강 구담龜潭

섬진강 육백 리 길에서 구담은 그냥 지나칠 수 없는 아름다운 곳이다. 임실군의 마지막 마을이자 상류지점 섬진강도 여기서 끝난다. 바로 이 마을은 섬진강이 만든 아름다운 이름임에 틀림없다. 구담마을 정자에는 '안담울정'이라는 편액이 있다. 한자로는 기러기 '안'자와 못 '담'자를 써서 '안담雁潭'이라고 하고 '울'자는 우리라는 말이라고 한다. 그러나 임실군지에서 구담마을의 유래를 보니 본래 안담 울이었으나 마을 앞을 흐르는 섬진강에 자라가 많이 서식하고 있어 거북구자 구담龜潭이라고 하였고 일설에는 이 강줄기에 아홉 군데의 '소'가 있어 아홉 구자 구담이라고 기록되어 있다. 구담은 에스자로 꺾어져 마치 장구 형태와 같다. 언제부터인지 천담보다는 흔히들 구담마을이라고 부른다.

옛날부터 구담마을은 오지 중 오지였다. 지금도 구담마을은 여전히 오지다. 섬진강과 평생 함께 살아가는 구담마을, 요즘 가을에 접어들면서 마을 초입부터 붉은 감이 주렁주렁 매달려 있다. 감나무와 매실나무, 울창한 대나무 밭 그늘 사이로 걸어 나오면 마치 하늘 아래 첫 동네처럼 산비탈에 옹기종기 모여 있는 마을이 나온다. 봄이면 강을 따라 비탈 전체가 매화가 피는 마을이다. 마을엔 10여 세대 스무 명 남짓한 주민이 산다. 구담에는 아름다운 느티나무 언덕이 있다. 느티나무 사이로 강물이 여울지는 모습이 펼쳐진다. 구릉에 자리잡은 구담마을은 지대가 높아서인지 곳곳이 넓은 시야로 한눈에 들어온다.

이 마을은 1996년도에 영화 〈아름다운 시절〉(이광모 감독)에 등장하면서 더욱 유명해졌다. 6·25전쟁을 그리는 영화인데 총소리 한 번 나지 않고도 잔잔하게 전쟁 중이라는 것을 인식시키는 것은 강변에 널려 있는 미군들의 빨래와 군복 염색 장면이 설명을 대신한다. 철없는 아이들이 언덕배기를 달리는 모습, 미군들 뒤를 따라다니는 장면이 긴장감 속에서도 여유를 준다. 〈춘향전〉, 〈동의보감 허준〉, 〈이장과 군수〉등 일부분을 구담에서 촬영했다.

섬진강 상류를 굽이굽이 돌아 도착한 임실군의 마지막 지점인 구담마을은 이처럼 정겹고 푸근한 곳이다. 3개 도와 12개 군을 넘나들며 남도 육백 리를 굽이굽이 흘러가는 강이다. 섬진강에는 기암절벽의 빼어난 풍경을 갖춘 곳도, 널찍한 소를 이룬 곳도 없다. 옛 선비들이 강변에서 풍류를 즐기던 이름난 정자 하나 없는 것도 바로 이 때문이지 싶다. 하지만 섬진강은 유순하고 또 부드럽다. 풍류의 공간이라기보다는 삶의 공간에 가깝다. 선비들이 술잔을 앞에 놓고 풍류를 읊는 강이 아니라, 새벽이면 안개를 밀어내며 익숙한 길을 찾아 일터로 나서는 농부들이 고된 일과를 마치고 돌아와 석양에 삽과 호미를 씻는 그런 강이다. 마을 사이로 난 길을 따라 한 바퀴 휙 돌아 언덕 아래로 내려가면 깊지 않은 강물과 만난다. 건넛마을 어치리로 이어지는 징검다리는 누구든 유년으로 돌아가 폴짝폴짝 건너뛰며 강을 건너가고 싶게 한다. 징검다리를 건너갈 때 돌 사이로 흐르는 맑은 물소리는 그곳에 오래 머물고 싶게 한다. 여름이면 외지에서 찾아온 손님들과 인근 주민들이 물놀이를 즐기는 곳이다. 간혹 찾아드는 사람들이 초록물 위에 튜브를 띄우고 여름의 정취를 한껏 즐기곤 한다. 굳이 배를 띄우지 않더라도 그저 강변에서 물빛을 바라보며 시원한 여름의 기운을 느끼는 것만으로도 충분하다. 마을 쪽은 백사장을 이루고 있고 강, 건너편은 야트막한 언덕이다.

섬진강은 좌우로 산을 에돌아 세차게 흐르다가 가만가만, 조용조용 흐른다. 물길 따라 걷다 보면 시간의 흐름마저도 강물처럼 여유로워진다. 산굽이를 여울져 흐르는 여름 강은 휘모리장단으로 세차고 빠르게 흐르다가 어느새 진양조장단으로 산야를 느리게 더디게 흘러간다. 산하는 본래가 인간이 연주할 수 없는 거대한 악기와도 같은 것이다. 강은 성난 것처럼 굽이치며 흐르다가도 유순한 동물처럼 소리를 낮추고 모든 리듬을 조용히 느리게 연주한다. 이곳은 안내 표지판 하나 없는 알려지지 않은 곳이다. 이곳에 들면 새순이 트는 소리, 꽃이 피는 소리까지 들을 수 있을 만큼 고요하다. 천담교를 건너 구담마을로 드는 2㎞의 구간은 섬진강 문학기행 코스로도 잘 알려진 곳이다. 구담마을은 오래된 낡은 것들이 주는 평안함이 있다. 빛바랜 함석지붕이 강변 마을을 빚어내는 풍경은 여유롭다. 바삐 서둘 것이 없다. 참으로 한가롭다. 지붕들이 초등학교 때 상상으로 그렸던 풍경화랑 너무 닮았다. 마치 70년대에서 시간이 멈춰버린 듯한 오롯한 시골풍경 구담마을은 누구나에게 마음속 고향으로 남겨 두고 싶은 그런 곳이다. 이렇듯 구담마을은 조망할 곳들이 많다. 마을 뒤쪽으로는 울창한 적송 숲길이 있다. 숲길을 오르는 마을의 골목길은 매우 경사져서 한참 동안 숨이 가쁘다. 적송 그늘에 올라서면 더 넓은 시야로 구담 주변의 풍경을 읽을 수가 있다. 눈은 자꾸만 자연을 쫓는다.

천태만상의 산의 모습과 바위들이 강줄기를 따라 늘어서 있다. 하나같이 일부러 조각해 놓은 듯 섬세하고 정교하지만, 실은 수천 수만 년의 세월 동안 강물이 쓰다듬고 어루만져 태어난 위대한 자연의 작품들이다. 문명의 때가 묻지 않은 자연 그대로의 모습에서 낮은 곳으로 임하는 물길을 따라 자연의 질서를 배우고 순리를 배운다. 구담에서 천담까지 약 1시간 거리(4㎞) 강둑길은 포장되지 않아 걷기에 아주 좋은 코스다. 길 옆으로 산그림자 드리운 곳에 알싸한 칡꽃이 한창이다. 강변 신작로를 걷다 보면 내가 물을 감고 도는지 물이 나를 감고 도는지 모를 착각이 든다. 아니 내가 물을 감고 도는 것 같다. 구담마을은 마을과 강물이 어우러져 이곳을 떠나고 싶지 않다. 발목을 잡는 섬진강의 아름다운 한 굽이다.

회귀본능

밤이 깊어가건만 설을 쇠고 서울 방향으로 들어가려는 차들이 삽실재에서 장사진을 치고 있다. 어디서부터 밀려 있는지 알 길이 없다. 이 시간 매스컴에서는 전국적으로 도로에 차들이 이렇게 서 있다는 도로상황을 전하고 있다. 예사로운 일이 아니다. 해가 갈수록 명절 차량 정체가 더욱 심해지고 있으니 문제다. 평소 주말이나 연휴 때만 해도 이처럼 차량 행렬이 길게 늘어서지는 않았다. 추석 전 벌초가 한창일 때와 추석이나 설 직후에 주로 나타나는 우리 한국 사회 고유의 진풍경이다. 저마다 각양각색의 사연을 한 차 가득 싣고 고향집을 나섰으리라. 가족들이 훈훈한 인정을 가슴에 가득 담고 선물을 트렁크에 가득 채웠을 것이다. 각자 마음은 고향집에 그냥 둔 채 생업의 현장으로 다시 돌아가야만 한다. 한적했던 시골길부터 꽉 막혔으니 목적지에 닿을 시간이 언제가 될 지 모르겠다.

명절마다 고향으로 가는 일 자체가 고난의 길이지만 이제는 고난을 즐거움으로 삼는다. 그 대열 속에 끼여 함께 그 문화를 즐긴다고나 할까. 명절이 지나고 일상에 복귀하면 사람들은 그 기억을 잊어버리고 살다가 다시 때가 돌아오면 언제 그랬느냐는 듯이 지난날의 고초는 즐겁게 친구들과 소주잔 기울이며 안주삼는다. 고향은 그런 것이다. 도로 정체 따위는 개의치 않고 부푼 가슴으로 부득부득 다시 고향 길을 찾아나서는 것이다. 나도 모르게 이동하는 어떤 신비한 힘이 분명 있을 것이다. 그렇지 않고서야 그 힘든 고행을 해마다 되풀이할 수는 없는 일이 아닌가. 도중에 어떠한 어려움을 만나도 흔쾌히 감수한다. 쏟아져나온 차들의 홍수 속에 고속도로가 주차장이 되어 긴 시간 오금 한 번 제대로 펴보지 못하고 날밤을 새워도 개의치 않는다. 긴 시간을 차 속에 갇혀 있어도 불평 한 마디 하는 법도 없다. 그저 그리운 얼굴 보고 싶은 고향산천이 눈앞에 와 있을 뿐이다.

누가 있어 이 거대한 민족의 대이동을 감히 막을 수 있으랴. 자연발생적이고 원초적인 이 거대한 회귀본능을 무슨 재주로 막을 수 있겠는가. 어린 시절 자기를 품어주고 길러준 곳, 영원한 마음의 안식처로 향하는 간절한 마음을 어찌 감히 다른 데로 돌릴 수가 있으랴. 여우도 죽을 때는 자기가 나서 자란 곳을 향해 머리를 둔다고 하지 않았던가. 하물며 사람의 경우에 말해서 무엇하랴. 어린 시절 무한한 꿈을 심어주고 마음껏 뛰놀던 고향산천을 어찌 잠시나마 잊을 수가 있겠는가. 고향 까마귀만 보아도 반갑다는 말이 괜히 나왔겠는가. 어떤 조사에 의하면 우리의 대중가요의 주제 중에서 남녀 간의 사랑 타령 다음으로 많은 것이 고향에 대한 애잔한 그리움과 타향살이의 애환이라고 한다. 고향과 향수는 그 어떤 것으로도 치유할 수 없는 근본적인 불치병임에 분명하다.

눈만 감으면 주마등처럼 떠오르는 옛 시절의 아련한 기억들. 당장 달려가면 언제든지 옛날 모습 그대로 반갑게 맞아줄 것만 같은 낯익은 산하, 동네 한복판 놀이터에서 남녀 구분 없이 골목길 한 바퀴 도는 계주, 고무줄놀이 그 친구들이 아니었던가. 이 모두가 이제는 귀하고 소중한 추억들이 되었다. 그러나 어찌하랴. 이미 그들은 수십 번을 따라가고 쫓아가도 도무지 손이 닿지 않는 저 먼 피안의 무지개요 아지랑이인 것을. 우리는 치유불능의 자기 최면에 걸려 환상과 착각 속에서 헤어나지 못하고 무작정 고향으로 달리고 또 달리는 것이다. 기대했던 고향은 날로 변하고, 옛 어른들은 해마다 몇 명씩 보이지 않고, 자꾸 늘어나는 빈집들이 흉물스럽게 기울어져 있고 너무나 달라진 고향 마을의 모습에 이게 아닌데 하는 실망과 가슴 한구석 허전함을 애써 달래면서 발길을 돌릴 수밖에 없지만, 우리는 매년 똑같은 고행을 되풀이할 수밖에 없는 운명을 타고난 것이다.

유년 시절, 장죽을 문 아버지를 정점으로 하여 3대가 대가족을 이루어 한 울타리 안에서 살았다. 누구 집이나 교육보다도 우선 배곯지 않게 하는 게 우선이었다. 하루 세 번 끼니 해결이 무엇보다도 큰 문제였던 암울한 시절이었다. 그렇기 때문에 오히려 소중한 추억과 잊지 못할 기억이 더 많은 때이기도 하다. 비록 생활은 궁핍하지만 확실한 가부장적 전통과 위계질서를 바탕으로 뜨거운 가족애와 탄탄한 결속력으로 똘똘 뭉쳐 각자 분수를 지키며 살아가던 시기였다. 초가삼간 작은 방 안에서 엄동의 추위를 체온으로 녹이며 버티던 시절이었다. 흙벽 사이로, 문 틈 사이로 들어오는 황소바람은 새벽녘이면 윗목에 물이 얼 만큼 추웠다. 그러나 지금은 넓은 방 하나를 혼자 독차지하고 보온성이 높은 이불과 옷 덕분에 바깥세상이 추운지 더운지도 모른다. 편하게 살아가고 있는 오늘날에 비해 결코 외롭지 않았고 서럽지도 않았다. 물질적으로나 정신적으로도 엄청나게 풍부해진 것은 사실이나 그때 누렸던 풋풋한 인간미와 은근한 가족 사랑을 지금은 찾을 길이 없다. 물질이 풍부하면 사람들의 마음은 그만큼 옹색해지고 더 많은 것들에 욕심을 품어 늘 빈곤함을 벗어나지 못하고 있다.

우리는 그때 가족끼리 서로 몸을 부대끼며 모든 것을 공동으로 함께 쓰고 살았다. 형제자매끼리 밥 한 술도 서로 더 먹으라고 덜어주며 한 조각 누룽지를 다투며 살면서도 우애는 남달랐고 가족애 또한 유난히 깊었다. 나는 막내라서 늘 먹을 게 풍부했다. 늙은 부모님은 막내가 늘 마음에 걸려서였는지 조금 남은 먹을거리는 언제나 내 차지가 된 것이다. 풍족한 오늘이지만 춥고 배고팠던 그때의 인정이 오히려 그리운 것은, 그때의 순진무구함이 이렇게도 그립고 가슴 저리게 절실한 것은 무슨 연유일까. 겨울철 저녁마다 먹는 고구마 한 소쿠리는 애초부터 근기를 기대하기 어려웠다. 밤이 깊어지면 언제나 출출하고 입이 궁금하기 마련이었다. 먹을 것이라곤 뒷담 밑 구덩이를 파고 묻어놓은 싹이 노랗게 돋은 무가 전부였다.

컴컴한 밤, 눈이 소복이 쌓인 땅바닥에 엎드려 구덩이 속으로 손을 집어넣어 무를 꺼내다 먹고, 양념이 들어가지 않은 동치미가 나오는 밤은 훨씬 넉넉하고 고급스러웠다.

명절이면 유난히 많이 먹었던 거섶전 생각이 간절하다. 지금은 식용유가 흔하지만 그때는 기름도 넉넉지 않은 때라 기름을 아끼느라 많이 쓰지를 못했다. 들기름은 조금만 둘러도 그 진한 기름 냄새가 온 골목을 휘감는다. 명절 특유의 별미다. 이젠 명절이 되어도 그때의 거섶전은 더 이상 맛볼 수가 없다. 요즘은 뭘 해 놔도 인스턴트 음식에 길들여진 아이들이 잘 먹지 않는다. 몇 년 전부터 서울 형님 댁에서 차례를 지내기 때문에 우리 집에서는 굳이 음식 장만을 하지 않아도 된다. 어쩌다 온 형제들도 각자 제 식구들 챙겨 처갓집에 가느라 분주하다. 흘러가는 세월은 다시 되돌릴 수 없는 법이다. 마음은 옛날 그대로인데 지천명의 나이에 나 또한 머리에 반쯤 서리가 내린 나이가 되었으니 어찌하랴. 사람들은 흔히 나이는 자기만 먹는 줄 착각한다. 스스로 나이 드는 것은 당연하게 생각하면서 고향 산천과 친구들, 일가, 친지들, 심지어 부모님들까지 항상 옛 모습 그대로이기를 바라고 있으니 가당치 않은 이기심이요 터무니없는 자가당착이다.

옛날 같으면 일주일 정도 명절 분위기가 지속되었으련만, 바삐 돌아가는 세상이라 명절 풍습도 짧아졌다. 이제는 하루 당일뿐이다. 차례가 끝나기가 무섭게 서둘러 각자 뿔뿔이 갈 길을 찾아 흩어진다. 심지어 형제 자매 간에도 서로 떠나고 도착하는 시간이 달라 명절이 되어도 얼굴도 못 마주치는 일이 많다. 집안 간의 꼭 찾아보아야 할 곳도 많겠지만 예전처럼 따스한 맛이 나지 않는다. 대개 명절 당일에 다 돌아보고 평상의 모습으로 돌아가 치열한 생활전선으로 복귀할 준비를 한다. 예전에는 감히 꿈도 꾸지 못했으나 집집마다 차가 있으니 가능해진 일이다. 농업이 위주가 되어 씨족단위로 한데 모여 살던 옛날과는 완전 딴판이다. 누구를 탓하랴. 시대가 변하고 풍속이 달라졌으니 말없이 그저 따라갈 수밖에. 세상사 거대한 물결은 우리 인간의 의지와는 상관없이 흘러가게 마련 아니겠는가.

뒤늦게 초승달이 떠오르는 한밤중, TV 뉴스화면에서는 서울로 향하는 길이 정체되어 있고 마치 적색 불빛들이 긴 꼬리를 달고 있는 불사조 같다. 생존을 위한 전쟁은 이미 시작되었다. 끝없이 늘어선 자동차의 행렬 길게 늘어서 있는 차량의 빨간 후미등이 오늘따라 낯설기만 하다. 저 수많은 차 속은 형형색색의 사연들로 가득하리라. 명절을 쇠느라 지친 몸을 싣고 있을 그들은 도대체 지금 무슨 생각에 잠겨 있을까. 무엇인가 알지 못할 막연한 아쉬움, 귀중한 무엇을 잃어버린 것 같은 억울함과 허전함, 손에 잡힐 듯 잡히지 않는 아릿한 그리움, 과거에 대한 막연한 후회, 이 모두는 지금 이 시간 나만이 곱씹고 있는 상념은 아닐 듯싶다. 집안에 있으면서도 차량의 긴 행렬을 보니 자꾸 긴장이 된다. 무사히 귀경하기를 빌어본다.

말을 경계해야 한다

지봉유설芝峯類說에 나오는 이야기다. 조선 초기 대표적인 명재상 황희黃喜가 벼슬에 오르기 전 어느 날 길을 가다가 나무 그늘 밑에서 쉬다가 농부가 두 마리의 소에 멍에를 씌워 밭을 갈고 있는 모습을 보게 되었다. 그가 농부에게 "여보게! 두 마리의 소 중에 어느 쪽이 더 나은가?" 하고 물은즉 농부는 묵묵부답으로 한동안 밭 갈기를 계속했다.

잠시 후에 농부가 쟁기를 멈추고 그에게 다가와서 귀에다 대고 "이 소가 더 낫습니다." 라고 나직하게 말하였다. 황희가 기이하게 생각하여, "왜 귀에다 대고 말하는가?" 라고 반문하니, "비록 가축이지만 이 소가 낫다고 말하면 저 소가 못한 것이 되니, 그 소로 하여금 그 말을 듣게 하면 불평하는 마음이 어찌 없겠습니까?" 라고 대답하는 것이 아닌가.

농부의 말을 듣고 크게 깨달은 황희는 그날 이후 남의 장단점을 함부로 말하지 않고 말을 아끼고 조심하여 뭇사람의 칭송을 받는 큰 인물이 되었다. 후세 많은 사람들도 그의 일화를 거울삼아 처세술과 대인관계의 본보기로 하여 스스로를 경계하는 좌우명으로 삼았다고 한다. 남의 흉허물 내뱉기를 예사로 하는 오늘날 우리 모두가 가슴에 깊이 새겨야할 일이다.

소는 기원전 이천 년부터 우리 민족과 고락을 같이 해왔으며 제단에 희생물로 바칠 만큼 신성시했다. 집안에 풍요와 평안 그리고 안정을 주는 영물로 여겨졌다. 천성이 유순하고 부드러워 사람을 해코지 하는 법이 없다. 지금이야 기계화가 되어 소의 힘이 필요 없지만 몇 년 전만 해도 농가에서는 든든한 일꾼으로 힘든 농사일을 도맡아 감당하니 가축이기보다는 차라리 가족에 가깝다.

선조들은 매년 첫째 소의 날을 상축일上丑日로 지켰다. 이날에는 소에게 일을 시키지 않고 조용히 쉬도록 했다. 부엌에서도 도마질을 자제하여 심기를 편하게 해주었다. 쇠죽에 콩을 넣어 제공하는 등 세심하게 배려했다. 일부 지방에서는 송아지를 낳으면 금줄을 쳐서 주위를 경계하고 온 가족이 조심하여 산모가 아이를 낳은 것과 똑같이 대접했다.

사람마다 남보다 잘하는 분야, 자신 있는 부분이 있기 마련이다. 교사가 할 일은 학생 개인이 지닌 숨은 재주나 소질을 찾아내고 이를 신장시켜주는 것이다. 부모 또한 마찬가지이다. 형제간에 같은 일을 놓고 서로 견주어 어느 한쪽을 주눅들게 해서는 안 된다. 동생이 비록 공부는 형보다 못하지만 예능분야에는 탁월한 능력을 발휘할 수 있다. 이웃집 아이와 특정 사안을 두고 자의적인 잣대로 무작정 비교하여 괜히 열등감을 조장할 필요는 없다. 칭찬은 고래도 춤추게 하고 돼지도 나무에 올라가게 만든다고 하지 않던가. 긍정적인 면이나 남다른 소질을 부각시켜 이를 더욱 발전시킬 수 있도록 격려하고 도와주어야 한다.

오늘날 사회 각 분야에서 일가를 이루어 두각을 나타내고 있는 사람들의 인생 역정을 들어 보면, 어린 시절 그들의 특기나 장점을 찾아내어 그것에 정진하도록 도와주고 격려해준 선생님이 반드시 계신다. 모름지기 교사는 자신이 아이들에게 무심코 던지는 말 한마디, 행동 하나가 그들의 장래를 결정짓는 중대한 계기가 될 수 있음을 명심 또 명심해야 한다.

피그말리온 효과에서 보듯이 자녀양육이나 학교교육에 있어서 칭찬보다 더 좋은 묘약은 없다. 그렇다고 무턱대고 시도 때도 없이 무조건 칭찬해서는 안 된다. 앞뒤를 잘 분별해서 무언가 작지만 기특한 일을 했을 때, 긍정적인 행동변화가 있을 때 그것을 적극적으로 부각시켜 격려하고 칭찬해 주어야 한다. 그러면 아이도 수긍하고 자부심과 용기를 가지게 된다.

아무런 근거도 없이 합당한 사유 없이 늘어놓는 찬사나, 억지로 꾸며낸 칭찬은 아이에게 오히려 독이 될 수 있다. 아이 스스로가 자신이 그런 과분한 칭찬을 받을 만한 입장이 아니라는 것을 너무도 잘 알고 있기 때문이다. 상황에 맞지 않는 엉뚱한 칭찬은 아이를 당황하게 하여 소기의 효과를 거두기는커녕 자괴감과 열등감을 조장

할 수 있다.

칭찬은 엄청난 효과를 거둘 수 있다. 스스로 내적동기가 생겨 자신감을 가지고 소질이나 특기를 살려 그 방면에 두각을 나타낼 수 있게 해준다. 주위 사람들로부터 어떤 일을 억지로 수행하도록 강요받아 자신의 의지와는 상관없이 수동적으로 그 일에 종사하고 있다면 정말 불행한 일이다. 자신이 하고 있는 일에 아무 재미도 흥미도 느끼지 못할 것이기 때문이다.

사람을 감동시키는 데 반드시 거창한 일이 요구되는 것은 아니다. 사람은 흔히 미처 생각하지 못한 작은 일에 마음이 움직이기 마련이다. 우리가 이웃에게 특별히 해 줄 수 있는 일이란 그리 어렵지 않다. 조그만 성의나 따뜻한 정이 담긴 말 한 마디가 엄청난 힘으로 다가가서, 큰 감동을 일으키고 나아가 인생항로마저 바꿀 수 있는 결정적인 계기가 될 수 있다.

새롭게 시작하는 3월, 우리 사회 구성원 모두가 마음의 여유를 가지고 남을 생각하고 주위를 살필 줄 아는 아량을 가졌으면 좋겠다. 감동이 없는 가정, 인정이 메마른 직장, 믿음이 사라진 사회는 결코 오래 지탱할 수 없다. 남과의 경쟁에서 이기는 투사보다는 자신을 이기는 현자를 기르자. 불평 없이 부여된 일을 해내는 소의 우직함을 배워야 할 필요가 있다.

적멸보궁 봉정암

봉정암은 설악산에서 가장 높은 곳에 있다. 지상에서는 더 이상 갈 수 없는 봉정암鳳頂庵은 설악산의 대소사 암자 중 제일 먼저 창건된 백담사 부속 암자다. 지장율사가 입당하여 부처님 사리를 얻어와서 오층탑을 세워 사리를 봉안하고 절을 창건했다. 전생의 인연으로 순례한다는 봉정암은 해발 1,244m 고지에 자리잡고 있다. 해발 1,400m에 자리한 지리산 법계사에 이어 우리나라에서 두 번째 높다. 또 한 봉정암은 우리나라 적멸보궁 가운데 가장 역사가 오래된 곳으로 유명하다. 기원은 신라 선덕여왕(664년) 때 지장율사가 당나라에서 부처의 진신 사리와 금란가사를 모셔와 봉안하면서 첫 적멸보궁이 되었다. 봉정암이란 이름은 지장율사가 절터를 찾기 위해 천신에게 기도를 드리는 중 칠 일째 되는 날 봉황이 나타나 지금의 자리를 점지해 주었다는 전설이 남아 있다. 풍수학자들은 봉정암 지형을 봉황포란지형국이라고 말한다. 첩첩 산중에 자리잡고 있지만 이곳 역시 전란을 피해갈 수 없었는지 한국전쟁 때 피해를 당해 암자가 폐사되었다. 전란이 끝나고 다시 너와로 지붕을 덮은 요사채 하나를 두고 스님 한 분이 가끔 올라와 기도하러 온 불자들을 맞던 토굴 같은 산중 암자였다고 노 보살님들이 기억을 더듬는다. 그 후 불사를 재건축하여 정념스님이 지금의 모습으로 도량을 넓혔다고 한다.

백담사를 거쳐 백담계곡을 따라 시간을 접어둔 채 무심하게 걷는 일이 우선이다. 출발점에서 버리지 못하고 짊어지고 온 세속의 짐을 시나브로 벗어버려야 발걸음이 가볍다. 산길 따라 깊이 들어갈수록 세상의 소리와는 멀어진다. 다만 오가는 행인의 만남을 통해 내가 속세인이라는 것을 보게 한다. 계곡은 폭포가 얼어붙어 산짐승 닮은 얼음덩이를 불쑥 내밀어 괴이한 모습을 보여준다.

봉정암까지 가는 도중에 가장 힘든 코스는 깔딱고개다. 말 그대로 길이 하늘을 향해 반듯하게 서 있다는 표현이 더 어울릴 것 같다. 한 발 한 발 살펴가며 발길을 옮겨야 탈이 없다. 가슴속 응어리를 버리고 가벼운 마음으로 깔딱고개를 두 번쯤 넘어야 한다. 누구든 평등하게 두 발과 두 손까지 이용해야만 오를 수 있는 바윗길인 것이다. 마치 네 발 짐승이 기어오르는 것처럼 몸을 낮추지 않으면 오르기 힘든 곳이다. 법당에서 부처님께 무릎 꿇고 백 배, 천 배 올리는 기도와 같다. 마지막 돌계단 하나 밟고 올라서면 평평한 쉼터가 기다리고 있다. 중생들이 지친 몸을 쉬면서 주변에 돌들을 하나,

둘 모아 쌓다 보니 마치 돌무더기가 성황당처럼 보인다. 이정표에 봉정암0.2km, 대청봉2.5km, 백담사10.4km, 사자바위(1,180m)라고 안내문이 있다. 다 왔는가 싶은데도 사자바위에서 200m를 올라가야 봉정암이다. 이 산속에 암자가 있다는 사실만으로도 희열에 찬다. 그리고 이 엄동설한에 이 높은 곳에서 물이 나오다니 감탄사가 나온다. 약수터에서 물을 받기 위해 등산객들이 줄을 서고 있다. 스님들이 등산객들을 위해 특별히 배려를 한 것이다. 물이 얼지 않도록 보온을 하여 목마른 자들에게 물을 제공하는 것이다. 해발 1,244m로 5월 하순에도 설화를 볼 수 있는 암자로 백담사에서 대청봉으로 향하는 내설악은 최고의 절경을 이룬 용아장성 기암괴석군이 있다.

봉정암 스님들은 겨울이 오기 전에 암자에 땔감과 반찬거리를 구하기 위해 하산을 하고, 또 백담사에서 찾아가는 스님은 한철 먹을 양식만을 등에 지고 올라가 수행을 한다는 것이다. 산정 5층 석탑에 불사리가 봉안돼 있기 때문에 암자의 법당인 적멸보궁에는 일반 법당과 달리 불상이 없다. 그러고 보니 참례하는 이는 나그네만이 아니다. 산봉우리에 솟구친 거대한 바위들도 천 년을 하루같이 탑을 향해 참례하고 있는 것이다. 현존하는 전당은 법당과 요사뿐이다. 법당 옆 바위 위에는 강원도유형문화재 제31호로 지정된 봉정암 석가사리탑이 있다. 고려시대 양식을 따른 이 오층석탑은 부처의 뇌사리를 봉안하였다고 하여 '불뇌 보탑'이라고도 부른다. 다른 사찰의 탑과 달리 기단부가 없고 자연암석을 기단부로 삼아 그 위에 바로 오층의 몸체를 얹었다. 이 자연암석에 연꽃이 조각되어 있는데, 1면에 4엽씩 16엽이 탑을 포개고 있어 부처가 정좌하고 있음을 상징적으로 나타낸다. 맨 위에는 연꽃인 듯한 원뿔형 보주가 높이 솟아 있다. 원효 · 보조 등 여러 고승들이 이곳에서 수도하였으며 677년(문무왕 17) 원효가, 1188년(고려 명종 18) 지눌이 중건한 것을 비롯하여 6 · 25전쟁 이전까지 7차례에 걸쳐 중건하였다. 6 · 25전쟁 때 화재로 자칫하면 명맥이 끊어질 뻔하였다

적멸보궁은 석가모니불의 몸에서 나온 진신사리眞身舍利를 모신 전각으로 석가모니불이 미혹迷惑의 세계를 벗어나 항상 적멸의 낙을 누리는 곳으로 최초의 적멸도량회寂滅道場會를 열었던 중인도 마가다국 가야성의 남쪽 보리수 아래 금강좌金剛座에서 비롯된다. 사리를 모셨기 때문에 예불을 올릴 불상을 따로 봉안하지 않고 불단만 설치해 둔다. 부처의 존상이나 후불탱화도 없고 다만 법당 바깥에 사리를 모신 탑이나 계단戒壇을 설치한다. 다만 진신사리가 봉안된 쪽으로 예배 행위를 위한 불단을 마련하였다. 우리나라에는 신라의 승려 자장慈藏이 당나라에서 돌아올 때 가져온 부처의 사리와 정골頂骨을 나누어 봉안했는데, 그곳이 5대 적멸보궁이다. 정암사의 적멸보궁은 임진왜란 때 진신사리를 왜적에게 빼앗길 것을 우려하여 통도사의 진신사리를 사명대사가 나누어 놓은 것이라 한다. 그 밖에 대구광역시 달성군의 비슬산琵瑟山 용연사龍淵寺, 경상남도 사천시 다솔사多率寺, 경상남도 밀양시 천불정사 등에도 적멸보궁이 있다. 부처의 진신사리를 모신 전각이 있다.

≪화엄경華嚴經≫에 따르면 깨달음을 얻은 부처는 처음 7일 동안 시방세계 불보살들에게 화엄경을 설법하기 위한 해인삼매海印三昧의 선정에 들었다 한다. 이때 부처 주위에 많은 보살들이 모여 부처의

덕을 칭송하였고, 부처는 법신인 비로자나불毘盧遮那佛과 한 몸이 되었다. 따라서 적멸보궁은 본래 언덕 모양의 계단戒壇을 쌓고 불사리를 봉안함으로써 부처가 항상 그곳에서 적멸의 법을 설하고 있음을 상징하던 것이었다. 진신사리는 곧 부처와 동일체로, 부처 열반 후 불상이 조성될 때까지 가장 진지하고 경건한 숭배 대상이 되었으며 불상이 만들어진 후에도 소홀하게 취급되지 않았다. 봉황이 알을 품은 듯한 형국의 산세에 정좌하고 있는 봉정암은 거대한 바위를 중심으로 가섭봉 · 아난봉 · 기린봉 · 할미봉 · 독성봉 · 나한봉 · 산신봉이 감싸고 있다.

4

“ 벽에 걸어놓은 배낭을 보면 소나무 위에 걸린 구름을 보는 것 같다. 배낭을 곁에 두고 살면 삶의 길이 새의 길처럼 가벼워질 것 같다. 혼자 노을을 배경으로 걸어가는 저 삶이 구도 안에서 모두 나의 도반이라는 것을 이제야 깨달았다. ”

"굿" 친다

어둠이 내린 마당엔 벌써 멍석이 깔려 있고 대나무와 솔가지가 타면서 불꽃이 하늘로 오른다. 개 갱 개 갱 느린 박자로 꽹과리가 머리 치켜들고 둔탁한 징소리로 소리를 감싸안고 마당 한 바퀴 돌고 나니 사람들이 모여들었다. 사람들은 둥실 떠오르는 보름달과 돼지머리, 시루떡 앞에 일 년 동안 우려먹을 진언들 모아 올려놓고 빌고 빌었다. 너울너울 훌쩍훌쩍 뛰어다니는 놀이패들, 궁굴리고 궁굴려 방울방울 눈처럼 투명해진 꽹과리가 금강 자락에 매달린 물방울처럼 엇박으로 뛴다. 도리깨질 콩 타작인가 장단이 허공에서 운다. 아직 다 풀어내지 못한 신명들이 소리로 날아오르고 있다. 떼로 모여 울음 울어내야 나는 소리, 애간장 녹이는 소리, 덩그덩그, 덩그덕덩그, 개갱갱갱갱 개갱갱, 설움이 목울대로 쏟아진다. 정녕 그것은 내가 토해낸 울음일 게다. 고달픈 삶을 불 속에 던져버리는 것일 게다. 서럽고 설운 울음 토해내는 것일 게다. 고덕산, 성수산, 오봉산 봉우리 받아 넘기며 목쉰 울음을 우는 것이다. 저 연연한 산봉우리들이 다 울고 나서 오래 남은 추스림 끝에 맨 마지막 빛깔로 남아 쓰러진 달집 불덩이를 일으키며 나는 되뇌인다. 살면서 엉클어진 달집을 시뻘겋게 밑불로 태우면서 쌓인 응어리를 풀어보려는 간절한 소망들이 산화되고 있다는 것을 사람들은 알고 있다.

풍물굿이란 꽹과리, 장구, 북, 징의 사물과 나발 등의 악기를 기본 구성으로 하여 춤과 진을 구성하며 하는 놀이와 연희를 모두 포함하여 쓰는 말이다. 풍물굿이라는 말은 사물을 뜻하는 풍물과 '모인다.'라는 의미의 합성어이다. 풍물이란 본디 풍물굿에 쓰이는 사물과 태평소 등의 악기와 여러 소품들을 이르는 말이었으나 현재에는 사물악기로 놀이하는 모든 형태를 뜻하는 말이 되었다. 이러한 표현은 예전부터 사람들이 풍물굿을 하는 것을 말할 때 '굿친다.' 혹은 '풍물친다.'라고 한다. 풍물의 이러한 모든 면은 판이 벌어지는 마당 안에서의 모든 사람이 서로 흥과 신명을 나누고 같이 어울리는 것에 목적을 가지고 있다. 밀실의 유희 문화와는 다르게 서민의 자연스러운 욕구와 감정의 배출구가 되고 공동체의 공감과 연대의 장이 될 수도 있었던 것이 과거 풍물의 모습이다. 풍물을 단순히 음악적인 면으로만 이해해서는 안 되는 이유가 여기에 있다. 풍물은 '신명'을 자아내는 중요한 요소이자 '신명'을 표현하는 매개체이기도 하다. 풍물이 추구하는 가치는 개인의 서정을 표현하거나 예술적인 아름다움을 추구하고자 하는 것이 아니다. 모든 사람이 같이 어울려

'신명'나게 놀 수 있는 '굿'판을 만드는 것이 풍물이 추구하는 바이다. 거기에 가락이 나오지 않고 춤사위가 나오지 않는다면 노독을 풀 즐거움이 없을 것이다. 굿에서의 즐거운 마음을 '신명'이라고 표현하기도 한다. '신명난다.'라는 것이다. 단순한 개인적인 즐거움이 아닌 모두가 어울림으로써 생기는 '신명'이라는 것이다.

풍물은 당산제, 서낭제, 지신밟기, 마을에서 모시는 서낭신, 집에 모시는 성주신, 또는 들에 대한 무속적 제례의식의 한 모습으로 '강강술래'가 잘 알려져 있다. 철마다 벌어지는 각 지역의 독특한 여러 대동놀이에서 보이듯이 놀이의 한 가지로, 풍장굿, 두레굿 등이 있다. 공동체와 구성원 각자의 안녕과 무사를 기원하며 집단으로서든 개인으로서든 그 크고 작음에 연연하지 않고 그동안의 즐거운 일과 어려운 일을 한 자리에 모여 풀어내는 어우러짐의 흥겨운 한 마당에서의 즐거움으로써의 '신명'이 풍물의 아름다움이다. 힘겨운 노동을 하다가 농기구를 악기삼아 두드리며 노래하며 노는 것도 풍물굿이라 할 수 있고 무대에서의 세련된 사물놀이패의 신들린 가락도 풍물굿이라 말할 수 있는 것은 신명과 흥이 풍물의 예술적 특징이기 때문이다. 풍물을 우리들이 좀더 사랑하고 아끼는 마음으로 관심을 갖고 지켜준다면 더욱 대중적인 음악의 한 부류로 확고히 자리잡을 수 있을 것이다.

풍물의 소리는 농민의 혼을 깨워 신에게 고하는 소리이다. 풍물소리 속에서 흐트러진 정신을 가다듬고 마음을 깨치며 농악굿, 신명굿으로 하루의 피로를 풀어낸다. 신명굿은 마치 그 모습이 신들린 무당처럼 혼을 쏟아 놓고 무아지경 속에서 논다. 소리 그 자체는 악기를 다루지 못한 사람들도 저절로 어깨춤이 나오고 "얼쑤!" 추렴이 저절로 터져나온다. 각 악기마다 리듬에서 가락을 느낄 수 있고, 그 각 악기의 가락이 모인 사물놀이는 우리 농촌의 뜨거운 맥박소리요, 우리의 밝은 미래를 예견하는 희망찬 박동소리이며 자연과 인간, 신과 인간의 대화를 대지 위해서 허공으로 울려 보낸 우주의 숨결이다. 모든 사람이 같이 어울려 '신명'나게 놀 수 있는 '굿'판을 만드는 것이 풍물이다. 풍물이 추구하는 가치는 개인의 서정을 표현하거나 예술적인 아름다움을 추구하고자 하는 것이 아니다. 거기에 가락이 나오지 않고 춤사위가 나오지 않는다면 노독을 풀 즐거움이 없을 것이다. 굿에서의 즐거운 마음을 '신명' 즉 '신명난다.' 라고 표현하기도 한다. 단순한 개인적인 즐거움이 아닌 모두가 어울림으로써 '신명'이라는 것이다. 이제 세상을 곧게 살아 보자고 마른 가슴을 힘껏 찢어 실핏줄이 뒤엉킨 속살 속에 한을 묻고 다독거려 주는 일이 더러는 그 속에 박힌 울혈 덩어리 하나 캐내기 위해 온몸이 저리도록 울어도 보는 일이다. 앞이 안 보이는 길이라 해도 우리는 이 길을 멈출 순 없음이라. 농촌의 희망을 만들어가는 사람들, 풍물 굿 속에 희망을 실어 본다.

천왕봉에서 중산리 가다

비탈이 가파르면 가파를수록 정상 또한 가까운 법이다. 오를 수 없을 거라는 불가능 앞에서 가능을 꿈꾸고 그 꿈을 마침내 현실로 바꾸어 놓기에 사람은 스스로 그 보람을 찾아 즐기는 것이 아닐까. 한 풍경이 널리 이름을 얻는 것은 그에 못지않은 빼어난 배경이 있음을 지리산에 와 보면 안다. 산모롱이를 굽이굽이 오르다 보면 산수화 풍경 속의 소나무보다 더 여유 있게 초록 도포자락을 늘어뜨린 노송이 무언의 교훈을 준다.

나무 등걸 같은 산의 가파른 바위 턱에 부딪치자 온몸 가득 진땀을 빼며 애걸복걸 바위 끝에 달라붙었다. 머릿속까지 시리게 불어대는 바람벽에 풀뿌리처럼 박혀서 한껏 주눅이 든다. 내 앞에 닥친 현실 앞에서 살기 위해 평소에 안해본 겸손을 떠는 것이다. 겸손하지 않으면 몸이 상하기 때문이다.

산을 타는 사람은 언제나 다른 한 끝은 새로운 세계에 닿아 있다고 믿기 때문에 정상을 정복하려는 것이다. 설령 그 위에서 부는 건 바람뿐이라고 해도 오르기 전과 오른 뒤의 산 정상은 엄연히 다른 것. 그러므로 그 위에 무엇이 있느냐 아니면 왜 오르느냐 따위와 같은 질문은 하지 않는다. 가능하다는 이유 하나만으로도 목숨 걸고 바위를 타고 절벽에 매달리는 것이 사람이고 보면 절벽이란 비켜가야 할 절망이 아니라 반드시 넘어야할 그 무엇이다. 살아가는 일이 호락호락하지 않을 때 깎아지른 암벽에 서 보면 삶의 단면이 보인다.

질서 없이 무심히 놓인 바위들이 반듯하게 혹은 둥글게, 모로 세워져 있는 그 자체가 지리산의 품위를 손상시키지 않고 오히려 이 모든 소품들이 어우러져 기품을 덧받쳐준다. 산을 평가하는 것은 애초부터 아름다움 따위를 주장하지 않는 자연 앞에서 인간들이 만드는 편견임을 깨닫는다. 길은 이곳에서도 여러 갈래로 흩어진다. 각자 어느 길을 택하느냐에 따라 인생길이 달라지듯이 목적지에 닿는 시간 또한 다르다. 칡덩굴처럼 얽힌 인연들도 이곳에 오면 모두 짐 내려놓고 적멸 속으로 든다. 흘러드는 모든 길을 거두는 부처의 손끝 언저리 같은 능선, 첩첩 산 노을이 깔릴 때 마음을 모아 흔들리지 않으려고 다짐하건만 나도 모르게 흔들리는 세상을 본다. 속세에서 까마득히 올려다본 그 서늘한 허공의 끝을 밟고 서면 나무 끝의 새처럼 흔들려 살아 있음의 무게만으로도 머리가 빼근히 당겨온다. 이 절박한 정상 꼭대기에 바위 틈을 비집고 노승인 양 결가좌부로 앉은 노송이 입석대의 아름다움을 절묘하게 마무리한다.

우리나라 5대 적멸보궁 중에 한곳, 법계사는 지리산 천왕봉 동쪽 해발 1,450m 우리나라에서 제일 높은 곳에 자리하고 있다. 그러니 법계사는 하늘 아래 첫 산사인 셈이다. 연기緣起조사가 전국을 두루 다녀본 후 천하의 승지勝地라 하여 터를 잡은 곳이라 한다. 이곳은 용이 사리고 범이 웅크린 듯 산세가 좌우로 급박하다. 오직 동남쪽으로만 트여 있으니 일출과 함께 지기와 천기가 조화를 이루며 화합하는 곳이다.

벼랑 위 소나무에 눈이 팔려 한순간 추락할 뻔했던 적도 있던 이 길을 누군가의 음덕인 양 아무 일 없이 갈 수 있었던 것은 이 산의 주인인 노고할머니의 보살핌이 아니었나 싶다. 우리는 주어진 생의 곡절이 불편하다고 항상 불평을 한다. 한 굽이 돌아서면 또 다른 태산준령이 가로막는다. 뒤로도 앞으로도 갈 수 없는 지경이라도 이쯤에서는 방법이 없다. 스스로 해결하지 않으면 산사람으로 영원히 남는 수밖에 없다. 하늘 아래 첫 산사, 지리산 천왕봉 7부 능선에 자리하고 있는 법계사, 행정구역은 경남 산청군 사천면 중산리다. 이 산속에 있어야 할 것들이 바로 그 자리에 오래도록 묵묵히 버티고 있어 마음을 비울 때 산은 마지막으로 가르침을 조용히 내린다.

행운과 불운은 쌍두마차로 찾아온다고 한다. 만남과 헤어짐, 태어남과 죽음을 내 맘대로 할 수 있는 행운이 사람의 앞길에 계속 놓여있다면 나는 나를 어떻게 쓸 수 있을까. 복권 한 장의 행운처럼 말이다.

성수산 스케치

지인이 어느 절에 머물면서 창문을 여니 갑자기 넉넉함과 희열에 빠지더라는 말을 했었다. 상이암 동효스님은 한참 동안 묵묵하시더니 그 까닭은 마음의 때가 벗겨지고 가슴이 씻기어 내면의 길이 열리기 때문이라고 하신다. 내면이 열리면 안 가지려 해도 들으려 하지 않아도 저절로 마음으로 보고 들을 수 있고 안 보이던 길이 보이고 침묵과 고요 너머로 자신도 모르는 사이 자연과 무언의 대화를 나눌 수 있다고 하신다. 법문을 듣는 시간 마음이 고요해진다. 고요를 깨는 새들의 소리 저희들끼리 주고받는 메시지를 알아들을 수는 없지만 숲에서의 지저귐이 시끄러움을 벗어나 친근감이 든다.

어느 산이나 마찬가지겠지만 성수산은 계절이 바뀔 때마다 새로운 모습으로 나타난다. 이 숲에 생명의 소리들이 발걸음과 함께한다. 소나무와 잡목들이 뿜어내는 알싸한 내음이 머리를 맑게 씻어 준다. 그늘 짙은 응달에는 세월을 훌쩍 뛰어넘은 이끼가 겹겹이 두께를 쌓고 있다. 암자에 오르는 길목 굴참나무 상단에 딱따구리가 나앉아 이쪽을 바라본다. 무슨 뜻인지 모를 소리로 목청 돋우어 몇 번이나 고요를 휘젓는다. 내가 그들을 훼방하는지 아니면 그들이 나를 훼방을 하는지 모르겠지만 그래도 그들의 소리가 싫지 않다. 딱따구리 소리가 숲 전체를 두루 울리고 있는 것은 숲의 나무와 이파리와 공기와 햇살, 숲을 지나는 계곡의 물소리까지 서로 하나가 되어 하모니를 이루려는 깊은 뜻이 있지 않을까. 딱따구리가 그렇게 수고함으로써 숲은 항상 깨어 있다.

봄이면 산의 뿌리는 돌덩이 속처럼 깊고 고요해도 나무 둥치를 쿵쿵 건드리면 파란 생피가 금세 튀어올라 내 얼굴에 뿌려줄 것 같다. 숲의 믿음이 흙 속에 뿌리를 묻을 때 더불어 사는 공존의 그늘을 만들지 않을까. 낙엽이 덮인 바위 틈에 귀를 대보니 졸, 졸, 졸 물이 맑은 코를 훌쩍이고 있다. 잡목 안테나가 충천한 기운을 감지하는 순간 거대한 짐승들은 온몸에 푸른 피를 폭죽처럼 터뜨릴 것이다. 높고 낮은 능선은 각각 제멋을 품고 있다. 연화봉 능선으로 난 소롯길에서는 행정구역이 나뉘어진 두 곳의 지역을 밟을 수밖에 없다. 한쪽은 진안군 백운면 남계리, 한쪽은 임실군 성수면 성수리로 나뉘어져 경계지점을 맘대로 넘나들며 걸을 수밖에 없다. 세상의 모든 정세는 신 하나를 사이에 놓고 나뉘어진다.

성수산이 명산임에는 틀림없다. 등산로를 타고 올라가 연화봉에서 사방을 둘러보면 상이암은 마치 아홉 마리 용들이 여의주를 차지하려고 모여드는 형국이다. 고려 태조 왕건도 조선 건국 이성계 장군도 이곳 상이암에 와서 백일기도를 하여 하늘의 명을 받아 새 나라를 건국했다는 설화가 전해진다. 요즘에도 이곳에 머물면서 마음 기도하는 분들을 종종 만날 수 있다. 도회지에서 지내다 갑자기 산속에 들어오면 사람이 그리워지는 법이다. 암자를 찾아오는 보살들과 몇 마디 나누는 대화로 그들은 세상과 소통한다.

상이암 뒤로 1km쯤 올라가면 삿갓버섯 같은 작은 집이 있다. 인근 지역 사람들은 이곳을 기도터라고 말한다. 이곳을 찾아가려면 여름엔 녹음이 우거져 길을 닫아버리기 때문에 방향 감각이 없으면 자칫 능선에서 길을 놓친다. 외지사람들은 이곳을 아는 이가 그리 많지 않다. 능선을 잘못 타면 기도터와는 방향이 다른 엉뚱한 곳으로 가게 된다. 기도터 찾기가 쉽지 않다. 특별한 아니 평범한 이정표 하나 없다. 그래서 기도터는 속세인에게 있어 쉽게 발견되지 않나 보다. 수풀 헤치고 겨우 찾아간 기도터에 누군가의 신발 한 켤레가 놓여 있고 열린 문 앞에는 '묵언수행 중' 이라는 푯말이 걸려 있다. 이 고요를 차지하고 묵언에 들어앉아 있는 주인공은 누구일까 궁금해진다. 호기심이 발동하지만 가까이 범접하기에는 마음의 거리가 멀다. 더 이상 말이 필요 없는 분위기다. 바위에서 떨어지는 물방울 소리만이 적막 속 울림이다. 기도터에 있는 신발의 주인이 부럽다. 나도 언제 저런 호사를 누려볼 수 있을까. 계곡을 타고 내려오다 보면 바위들은 물기를 머금고 다래덩굴들이 거미집처럼 얽혀 길을 막는다. 우리가 살아가는 일들이 얼크렁 덜크렁 이와 같지 않을까. 마음 추스르고 돌아서서 다시 나를 들여다본다. 숲을 빠져 나오니 잠잠하던 마음이 어느새 저잣거리로 나가 구겨진다.

가을이면 갈잎들이 부스럭거리는 소리나, 공양간 그릇 부딪치는 소리나, 산신각 뒤꼍 죽은 소나무 우듬지에서 열심히 공양을 드시는 딱따구리 소리나, 내가 숟가락 뜰 때 내는 소리나 다를 게 없는 것 같다. 오후의 햇살이 점점 붉어진다. 눈 덮인 성수산이 동안거에 들어가면 이 산속에 어쩌다 찾아오는 객 말고는 이 산의 주인들 뿐이다. 가끔씩 발자국을 남기고 사라지는 고라니, 토끼, 멧돼지, 산새들이…… 산속의 가족들이다. 흔한 풍경은 아니지만 산 능선에서 볼 때 노을이 굵은 먹을 주욱 그어 하늘 경계를 또렷이 판각하는 지금이 내가 본 그의 얼굴 중 가장 장엄한 순간이다. 그 앞에선 언제나 고개가 숙여진다.

산은 싸늘한 빛이 서서히 어둠에 침몰할 때 지친 하루의 하늘을 가슴속에 묻는다. 흐려지는 산 밑 마을을 배경으로 마른 그림자가 발등을 덮는다. 어둠이 깊이 익어갈수록 사위四圍의 밤이 골목처럼 가둔다. 군말이나 수사 따위 버린 지 오래인 듯 서슬 푸른 직립들 하늘의 깊이를 잴 뿐이다. 조락 이후 충천하는 능선마다 결기 같은 팔을 다 잘라낸 후 건져올린 골법 같은 붉은 저 직필들, 허공이 움찔 솟는다. 잎을 다 버린 나무는 갈기털을 세운 짐승 같다. 군데군데 산의 붉은 살을 파내고 지은 기슭의 민가 몇 채가 벌레집처럼 달라붙어 있다. 산죽이 빼곡하여 닫힌 듯 열린 길을 앞만 보고 가는데 뒤에서 누군가 자꾸만 목덜미를 잡는다. 다래덩굴과 칡덩굴이다. 저 산과 내가 가장 닮아 있을 때는 언제쯤일까. 그런 순간이 찾아오기라도 한다면 나는 어떤 모습일까. 바람을 등지고 오래된 소나무를 지나칠 때 송진 같은 노을이 물들고 있었다.

송사리들의 겨울

여름 내 앞 들판에 내려 끼르륵거리던 철새 떼들이 어디론가 떠날 때쯤이면 찬 바람이 거칠어진다. 키울 것 다 키우고 말릴 것 다 말리고는 할 일이 줄어든 햇빛은 벌판을 차츰차츰 덮는다. 생명을 가진 뿌리들이 겨울에 잘 견디라고 남은 햇살을 아낌없이 내려 준다. 어느새 북새 많은 논 한귀퉁이 겨울새가 찾아와 자리를 잡는다. 그들은 이제부터 생존경쟁이다. 눈이 쌓이고 먹이가 줄어들고 숨어서 노리는 강자의 복병들이 있으니 어떻게 지낼 것인가. 괜한 걱정을 해 본다. 물이 얼면서 자작자작 줄어든 냇가에는 송사리 떼가 한창 몰려다닌다. 먹이를 노린 철새와 살 곳을 찾는 물고기들은 서로 살기 위해 발버둥칠 것이다.

물줄기가 추위에 점점 가늘어지더니 꼬리를 잘려버렸다. 세상은 더 이상 혼돈이 오지 않고 고요할 것이다. 냇물은 더 이상 물소리를 내지 않을 것이다. 몇 차례 폭설이 내린 후로 갈대들이 웅덩이를 어항처럼 안고 서 있다. 움푹한 곳은 돌덩이 사이로 자박자박 물을 머금고 있다. 물길이 모두 끊겨버린 송사리들은 살기 위해 바위 틈을 빌려 더부살이를 한다.

물웅덩이 가장자리에는 칼날처럼 얼음이 돋아 있다. 송사리들은 점점 잦아드는 웅덩이에서 몸부림친다. 웅덩이를 잃은 송사리 떼가 오글오글하다. 오늘은 어제보다 더 잦아 있다. 송사리 숫자도 눈에 띄게 줄어든 것 같다. 자주 내린 눈으로 강이 최후의 결심을 해버린 듯 얼음장을 끌어다가 꿈도 얼어버릴 동면 속으로 송사리들을 밀어 넣어버렸다. 그리고는 낙엽들 모아 한 겹 덮어준다. 봄까지는 아직 한참 기다려야 한다.

도랑처럼 흐르는 물속을 들여다보고 있던 영리한 왜가리가 물고기들이 갈 곳이 없다는 것을 알고 웅덩이로 고여 있는 보 안에서 몸이 다 노출된 고기들을 힘도 들이지 않고 잡아먹는다. 또 강 안쪽은 잡초들이 우거져 풍성한 먹을거리가 많다. 물이 잦아드니 고기들이 쉴 곳이 없어 잡풀더미 속으로 몸을 숨기다 보니 그것을 놓칠세라 왜가리들이 판을 친다. 물막이 보에 설치된 어도엔 많은 왜가리들이 모여 있다. 길목을 지키고 서 있는 영리한 놈들이다. 긴 목을 자주 움직이는 행위는 강에서 생명체를 건져올리려는 몸짓이다. 아무리 겨울이라 물이 필요 없다고는 하지만 물속에 사는 작은 생명들은 날마다 적과 대치하며 살 길을 찾는다. 물막이 보가 바닥을 훤히 내놓고 있다. 강을 정화시키는 다슬기들이 물을 따라 이동을 한다. 이미 누군가에게 잡혀 먹힌 다슬기 껍데기가 수북하다. 민물고기들은 물살이 느린 강의 중류 · 하류의 돌 틈이나 바닥 근처에서 많이 산다. 급한 흐름에는 살지 않는 어류들, 여름이면 찰랑이던 물속에서 유유자적 걱정 없이 살던 민물들이 수심이 얕은 호수나 늪, 연못에서 살기 때문에 붕어, 민물새우, 피라미, 미꾸라지, 메기 등이 수난을 겪고 있다. 특히 한곳에서 수백 마리가 집단으로 모여 사는 송사리 떼들은 외부의 표적이 된다.

송사리는 우리나라 민물고기로서 작고 귀여운 어종으로 크기가 조금 작은 편으로 몸 전체가 담갈색을 띠며 배 쪽으로 갈수록 흰색을 띠는 어종이다. 비교적 큰 눈을 가지고 있으며 눈이 밝게 빛나는 물고기다. 떼를 지어 다니는 습성이 있고 물속에 손을 모으면 마구 모여들기도 한다. 참 순진하면서도 행동은 민첩하다. 손 안에서 놀다가도 손을 들어올리는 찰나 물속으로 쏜살같이 미끄러져 도망간다.

식물은 수중에서 생활을 하는 존재로서 물속에서 양분을 얻고 물속으로 노폐물을 배출한다. 때문에 수생식물은 물속에 있는 여러 가지(중금속성) 이온성 물질이나 독성물질을 흡수하여 에너지원으로 이용하거나 체내에 축적하기 때문에 수중 환경을 정화하는 능력이 있다고 볼 수 있다. 수중곤충과 어류들의 활동과 번식에 도움을 줌으로써 수중생태계를 건강하게 유지시켜주고 따라서 전체적으로 수중 환경정화작용에도 기여하게 된다고 본다. 물이 흐르지 않아 수중생명들이 많은 위험에 처해 있다. 점차 물이 고여 있는 웅덩이 쪽으로 몰리다 보니 한꺼번에 많은 생명들이 사라지기 쉽다. 어느 정도 물을 저수지에서 내려보내야 수중생명들이 겨울을 나지 않을까 싶다. 상류에서 시작된 강은 하류로 흘러 많은 생명들을 살린다. 농사를 끝낸 들에서는 더 이상 물을 필요로 하는 곳이 없다. 그러다 보니 상류 쪽에 있는 저수지는 물을 가두고 물막이 보는 더 이상 물을 가둘 수 없으니 물이 고여들 틈이 없다. 강은 자연적으로 흐르는 순환의 원리이다.

강 노을로 붉어지는 물소리 바람소리 닫아 걸고 저물어 오는 세상의 모든 번뇌 어둠으로 껴안고 깊어졌다. 새벽 공양 물안개를 피워 올리지도 않고 강은 아래로 더 아래로 용맹정진 禪에 들었다. 바람이 물길에 주름살을 지워가며 살 끝을 엮고 얼려서 한 뜸 한 뜸 바늘 끝 새벽으로 번듯하게 기워내어 물오리가 결빙 위로 합장하고 있다. 강이 풀리고 햇살이 넉넉하게 비출 때이면 물고기들의 파닥이는 몸놀림이 한결 새롭다. 강은 언제나 새로 태어난 자연의 한 생명이다.

청초한 그 자태 백련

연꽃은 깨달음을 주는 꽃이다. 굳이 염화시중을 떠올리지 않더라도 불교에서는 깨우침을 얻는 꽃으로 상징된다. 그 중에서도 순백의 맑은 빛을 담아 청초하고 고결하게 피어나는 백련은 '꽃 중의 군자'로 불린다. 김제시 청하면 청하리 하소백련지, 불볕더위가 시작되는 칠월에서 구월 초까지가 가장 적기로 아침햇살을 받은 연꽃들이 화려한 꽃망울을 터뜨리며 장관을 연출한다. 순결, 군자, 신성, 담백, 결백 등의 꽃말을 가지고 있는 연꽃 속으로 푹 빠져보자. 화양연화花樣年華라. 꽃의 모습이 날로 아름다워진다는 뜻으로 살아가는 동안 가장 아름답고 행복한 때를 뜻하는데, 자세히 들여다보면 볼수록 아름다운 자태가 신비스럽다. 하소 백련 군락지는 백련이 주류를 이루는데, 홍련과 달리 백련은 그 향기가 진하다. 홍련이 색깔을 가진 반면 백련은 향을 가진 셈이다. 백련은 그 꽃잎으로 차를 만들어 마시기도 한다.

꽃이 일시에 피어나는 홍련과는 달리 백련은 칠월부터 연잎이 덮이기 시작하여 석 달 동안 연못을 가득 메우는데 대부분의 꽃송이가 주먹만 하고 연잎 지름은 1m 안팎이나 된다. 이곳은 생태관찰을 위해 수생식물 · 야생화 · 토종작물을 심어 키우고 있다. 논에는 수련, 가시연꽃, 개연꽃, 애기수련, 노랑어리연꽃, 어리연꽃 등 여러 종의 연꽃 및 수중식물과 수변식물들이 자라고 있다.

매년 백련 대축제 기간에는 탐스러운 꽃봉오리가 연못 가득 피어나 연향을 풍기며 장관을 이룬다. 칠월부터 구월까지 가장 아름다움을 뽐내는 연꽃들이 마치 고운 여인네처럼 손짓하는 듯하다. 숨은 듯 피어 힐끗 쳐다보는가 하면 청초함으로 활짝 웃으며 반기는 蓮도 있고 순백의 빛으로 수줍은 듯 꽃잎을 오므리고 있는 고운 蓮은 동자승 같은 모습이다. 홀로 외로이 피어 더욱 청순 고고한 蓮, 꽃잎이 퇴색되었지만 지는 날까지 추한 모습 보이지 않고 정갈한 모습 지키는 연꽃은 사람들에게 무언의 화두를 주는 것 같다.

연꽃 숲에 들어가면 다른 향기를 맡을 수 없다고 한다. 연꽃 향기가 너무 향기롭기 때문이다. 백련지는 물이 보이지 않을 정도로 푸른 연잎으로 뒤덮여 있다. 넓은 잎 방석을 깔고 앉아 빠끔하게 고개를 내민 연꽃이 등불처럼 환하다. 연꽃 길을 걷다 보면 눈이 닿는 사방의 끝은 모두 녹색이요, 바람이 불 때마다 꽃봉오리가 살살 흔들리고 꽃대가 흔들리는 모습은 마치 '조지훈'의 시에서 나오는 승무를 보는 듯하다. 꽃을 보려면 아침에 찾는 것이 좋다. 새벽이슬을 머금은 연꽃은 더없이 아름답다. 연꽃은 해가 떠올라 햇살이 강해지면 꽃잎을 닫는데, 오후 두세 시 이후에는 봉오리 형태로 돌아간다.

하소백련지는 주변이 백련으로 조성되어 경관농업의 배경이 되었다. 연꽃은 불교전파 이전부터 군자의 꽃으로 표현되거나 다산의 상징하기도 하며 극락세계를 신성한 연꽃이 자라는 연못으로 이해되어 대규모의 연꽃군락지가 청운사 전통사찰과 연계되어 형성되었다. 지금 청운사는 순백의 백련향이 진동하고 있다. 순백의 연꽃을 보면 자연이 전해주는 오묘한 진리를 저절로 깨닫게 된다. 북적이는 도시를 벗어나 자신의 깨달음과 내면의 찌든 때를 훌훌 털어버릴 수 있는 곳이다.

검둥오리의 생존법

키 넘게 훌쩍 자란 갈대들의 목이 꺾여져 있다. 모두 같은 방향이다. 바람은 갈대숲 사이로 들어온다. 갈대들은 자신의 내면 안에 숨긴 낡고 오래된 악기의 소리를 낸다. 나는 바람을 보았다. 일찍 도착한 철새 몇 마리가 갈대 위를 선회하며 울음소리를 떨군다. 그 울음소리로 사방이 갑자기 조용해진다. 노을이 융단처럼 깔리는 시간에 발길을 옮겨 나는 갈대밭과 개펄이 만나는 맨 끝 지점까지 걸어 들어갔다. 몸집보다 더 긴 다리를 가진 칠게들이 집을 찾느라 분주한 시간이다.

해는 다 졌지만 해의 숨결은 여전히 짙다. 하늘에는 노을이 장관이다. 모르는 사람은 서편 하늘에만 노을이 빚어질 것이라고 생각할 것이다. 그러나 동서남북 하늘 모두 노을이 진다. 각자의 색을 지닌 노을의 섭리 이면이 문득 궁금해진다. 금강의 노을이 하늘을 다 채우고도 남아 썰물이 남기고 간 웅덩이에도 채워진다. 그 웅덩이 위에 노을이 살아 떠서 또 다른 빛을 만들어 뭇 생명들을 불러 모은다. 노을빛이 다 스러지고 난 뒤 갈대밭은 어둠에 잠긴다. 노을이 펼쳐진 뒤의 저녁 어둠은 부드럽다. 자세히 보면 쪽빛의 기운이 어둠 속을 흐른다. 새들의 날갯짓도 갈대들의 흔들림도 모두 닮았다. 고요한 어둠의 시간이 나는 좋다. 단순한 어둠이 아닌 낮 동안 이 개펄과 바다 위에 꿈을 뿌린 많은 생명체들의 영상이 그 어둠 속에 새겨져 있기 때문이다. 이곳 바다에서 만난 철새들이 가혹한 비행을 한다. 스스로 내부에 저장되어 있는 꿈들이 쌓이고 쌓여 설령 지금보다 가혹한 삶의 현실이 지상에 도달하더라도 그것을 극복해 낼 힘을 갖추는 것이다. 가혹한 자연의 재앙에 부딪혔을 때 인간이 저 새들보다 먼저 자유로울 수 있을까? 나에게 반문해 본다.

우리나라를 찾는 철새 중에서 가장 많이 찾는 종류의 새는 바로 오리 종류라고 한다. 종류도 가장 많을 뿐만 아니라 어떤 무리는 수천 마리가 떼를 지어 이동을 한다고 한다. 그 중에서도 고방오리와 검둥오리는 11월 초에 방문하여 3월까지 머문다고 한다.

검둥오리들이 줄을 지어 간다. 아니 줄이라기보다는 무리지어 떼로 몰려다닌다. 그들이 공중으로 비상할 때면 갑자기 하늘빛이 먹구름 끼인 듯 어둡다. 누군가 망가뜨릴 수 없는 긴 줄이 된다. 길게 늘어선 줄이 끊어질 듯 가슴이 조마조마하다. 뒤뚱거리며 엉덩이를 흔들며 가는 모습이 질서가 없어 보이나 그들만의 세계에서는 서열과 질서가 바로 서 있을 것이다. 동물의 세계는 엄연한 질서 속에 위계가 유지된다. 먹이를 찾느라 바쁘게 놀리는 긴 부리의 움직임이 이방인이 볼 때 한가로워 보이나 그들에게는 생존이다. 그들이 지나간 자리는 한바탕 탁류로 변한다.

급기야 오리 한 줄이 일제히 꽥 꽥 꽥 소리를 지른다. 먹이를 놓쳐버린 것일까? 시커먼 펄 물이 몰려오는 한복판, 리을 자가 미동도 않는다. 뒷덜미의 줄무늬가 무섭게 도드라져 있다. 먹이를 찾는 펄에서 몇 걸음 앞의 수면을 뚫고 물고기 한 마리 풀쩍 튄다. 순간을 놓칠세라 동작 빠른 한놈이 재빠르게 곤두박질한다. 물속의 유영을 꿰뚫는 저 응시, 그들만의 생존법이다. 사방은 고요하다. 나는 갈대숲 사이를 빠져나와 다시 내가 사는 문명 속으로 돌아온다. 완전한 어둠 속에서 라이트를 켜고 자동차 운전을 하는데 왠지 모르게 가슴이 휑하다. 그럴 때 나는 종종 맹인가수 안드레 보첼리의 노래를 듣는다. 아무것도 볼 수 없음으로써 모든 것을 볼 수 있는 가능성의 세계, 침묵함으로써 영혼의 본질 속으로 여행할 수 있는 시간들, 나는 내 꺾인 날개를 소중하게 바라본다. 고요하게 살아 있는 금강의 모든 생명들, 그들의 꿈, 삶의 지혜를 그 침묵의 시간들 속으로 옮겨본다.

붕어섬

임실 관촌에서 신평 죽치고개를 넘어 가면 운암소재지가 나온다. 이곳에서 약4㎞ 아름다운 길 따라 올라가면 국사봉이다. 국사봉 아래 호수에는 거대 붕어가 떠 있다. 붕어섬은 육지 속의 섬이다. 섬이 마치 붕어 모양을 닮았다고 해서 일명 붕어섬으로도 불리어진다. 옥정댐 공사를 하면서 일부러 그렇게 만들었는지 아니면 자연적인 현상인지 알 수 없으나 기묘한 멋을 가지고 있다. 특히 청명한 녹음 빛깔을 담아내는 호반은 물빛인지 산빛인지 서로 혼합한 조화로운 빛깔로 사람들의 마음을 끌어안는다. 물뱀이 유영하듯 산자락 굽이굽이를 에둘러 돌아가는 물길을 느릿하게 따라 세상사 잊고 물과 하나 되어 잠시 나를 잊어본다.

바람이 불면 붕어가 물속에서 튀어오르듯 은사시 나뭇잎이 차르르 파닥이고 물빛도 청명한 푸른색을 띤다. 매혹적인 물안개와 함께 주변의 산세가 아름다운 옥정호玉井湖는 한때 가뭄으로 물이 거의 바닥을 드러내 안타까웠는데 요즘은 장마에 물이 그득하게 차 있어 볼거리를 많이 준다. 때를 맞추기는 쉽지 않지만 적절한 시기에 가면 제대로 옥정호수를 감상할 수 있다. 섬진강 최상류의 호수인 옥정호는 노령산맥 줄기 사이 임실과 정읍 일대를 흐르며 때 묻지 않은 빼어난 자연경관을 보여준다. 여러 지역에 걸쳐 있어 운암호, 섬진호, 산내호 등으로도 불린다. 호수 한복판의 붕어처럼 생겼다고 해서 붕어섬으로도 불리는 '외안날'이라는 섬은 사람이 두어 집 살고 있는 유인도다. 붕어섬을 더 아름답게 보려면 국사봉 등산로 중간쯤 올라가면 시야가 가리지 않아 전체를 한눈에 볼 수 있다. 이곳은 사진 찍기에도 아주 좋은 장소다. 사진작가들은 동트기 전에 와서 전망 좋은 자리를 잡고 카메라 렌즈를 조절한다. 날씨가 청명한 날에는 외안날이 아주 선명하게 드러나지만 운무가 낀 날은 별 재미가 없다. 국사봉에서 바라보는 붕어 형상으로 만들어진 섬, 외안날은 참으로 볼 때마다 신비스럽다. 붕어섬은 낮과 밤의 기온차가 심할 때 물안개가 절정을 이룬다. 일교차가 큰 새벽, 물안개가 피어오르면 가을이 가슴속 깊은 곳으로 서슴없이 파고든다. 드넓은 옥정호를 감싼 산줄기와 수면을 가득 채운 물안개의 신비로운 모습은 한 폭의 수묵화를 떠올리게 한다. 주변 산세와 어우러진 물길 위로 물안개가 차분히 내려앉는 몽환적인 풍경은 어디서고 쉽게 볼 수 있는 것이 아니다. 옥정호를 에워싼 국사봉, 오봉산, 묵방산, 성옥산 등 주변 경관도 매우 빼어나다. 특히 물안개를 배경으로 피어

나는 일출은 아름다움의 극치를 자아낸다. 국사봉 전망대는 옥정호의 비경과 물안개를 가장 잘 볼 수 있는 곳으로 소문이 자자하다. 동 트기 전에 올라야 제 맛을 느낄 수 있는데, 물안개를 제대로 볼 수 있는 날은 의외로 많지 않다. 옥정호를 더욱 돋보이게 하는 것 중 하나가 외얏날이 아닌가 싶다. 작열한 태양을 가르며 어디론가 떠나고 싶은 날, '한국의 아름다운 길 100선' 중 한곳으로 선정된 옥정호 주변 구간 드라이브 코스로 강 따라 계절 따라 시시각각 모습을 달리하는 물안개를 보는 맛이 여간 각별하지 않다. 섬진강과 어우러진 군데군데 시골 마을의 풍경은 보는 이들의 마음속에 한 장의 풍경화를 옮겨 놓는다.

버드내 풍경

성수산 상이암 뒤 산정에 우직하게 서 있는 자작나무 이파리에 맺힌 이슬이 한 방울 두 방울 떨어져 작은 시내를 이룬다. 시냇물은 계곡을 만들고 강을 이룬다. 물은 지대가 낮을수록 흐름의 속도가 늦어진다. 계곡물은 북재 앞을 돌아 성남저수지로 유입된다. 이곳에서부터는 흐름이 더디다. 저수지 수문이 닫혀 있어 바삐 서두를 것이 없다. 물은 오랫동안 순환하지 않으면 생태계에 좋지 않은 현상을 유발한다. 그러나 장맛비라도 내리면 고인 물은 저절로 밀려나갈 수밖에 없다. 물은 군데군데 거쳐 가야 할 전방 검문소처럼 막음보가 많아 바삐 서두를 것이 없다. 여정이 길어질수록 버드내로 흘러드는 강물은 수철리, 지추바우, 매바우를 거쳐 오면서 생의 행로 끝처럼 막다른 지점인 작은 마을쯤에 다다라 밤새 저희들끼리 물살로 부딪치며 점점이 박힌 속내 드러낸 애깃거리 앞다투어 쏟아낸다.

버드내는 막음보가 있다. 옛날에 강물이 넘쳐서 마을을 몇 번 덮쳤다고 한다. 그 후로 마을에서는 버드나무를 심어서 강둑이 무너지는 것을 막았다고 하나 지금은 버드나무가 한 그루도 없다. 어느 강이나 마찬가지겠지만 버드내 외길로 들어서면 물에서만 배어나오는 푸른 물의 청정한 기운이 온몸을 감싸는 것을 느낄 수가 있다. 버드내는 정적과 평화로움이 가득 차 있고 그곳에는 물욕을 향한 목마름으로 메말랐던 응어리와 분노를 몰아내는 정화의 강물이라고 말할 수 있다. 강 이쪽에 서서 저 홀로 자라나는 초목과 마주하고 있으면 초목이 뿜어내는 초록빛에 가슴 벅차면서 그들은 자연의 이치를 거부하지 않고 성자처럼 생을 살고 있다는 생각이 든다. 그것은 서로 순응하기 때문이리라 생각한다. 이 모든 것들이 되풀이하는 발걸음을 지루하지 않게 한다. 또 이곳에서만 볼 수 있는 수생식물과 여러 종류의 물고기들이 어우러져 공생공존하며 살고 있는 것을 볼 수 있다. 물풀은 물고기들의 안식처이다. 생존에 위협을 주는 대상이 와도 숨어들 수 있는 보호막 역할을 한다. 피라미의 물빛 투명한 등줄기가 아롱빛으로 튀어오른다. 쑥대의 억센 손을 더듬어 보는데 독소 같은 쑥 향기를 톡 쏘아댄다. 참으로 진한 맛이다.

온몸을 세차게 뒤틀던 강, 그곳에 물고기들은 비로소 강가 발치에 정주처를 잡아 토박이로 살고 있다. 강 둔덕에 서면 물결이 일고 돌아올 길 버리고 떠나는 작은 인고의 모습들, 조용조용 서로의 아픔 다독이는 물새들, 서늘하게 피어오르는 물안개의 기운, 온통 제멋대로 널려 있는 바위와 우거진 나무들의 질서가 무질서하게 보이나 서로가 서로를 강요하지 않는 저 강의 자연스러움이 조급하게 살아왔던 지난날들을 되돌아보게 한다. 지난 시간을 묻기 위해 나는 강물에게 한 마디 말도 하지 않았고 강물도 내게 한 마디 말하지 않았다.

지리산 천년松

와운마을 들어가는 입구는 생각보다 깊은 산속에 있어 찾아가는 길이 쉽지는 않다. 지리산 뱀사골관리소를 지나 계곡 옆으로 난 길을 따라 걷다 보면 마치 원시림에 들어온 듯 햇볕이 차단되어 있다. 30분쯤 걷다 보면 와운교가 있고 계곡이 두 개로 나눠지면서 와운마을과 뱀사골 산장 가는 길이라는 이정표를 만난다. 오른쪽으로 가면 뱀사골 산장 가는 길이고 직선으로 가면 와운마을로 가게 된다. 이곳에서부터는 숲이 벗어지면서 마치 분지처럼 항아리 속 같은 마을이 나타난다. 삿갓 하나로 덮어도 될 것 같은 작은 마을이다.

천년송은 한눈에 볼 수 있는 와운마을 뒷산 언덕에 자리하고 있다. 마을은 십여 가구도 되지 않는다. 첩첩 산중 마을이었지만 지금은 천년송을 보려고 올라온 탐방객들이 많아 음식점과 숙박시설을 갖추고 있다. 천년송은 마을 뒤 동쪽으로 300m쯤 올라가야 있다. 천년송은 수많은 난리를 겪으면서도 다치지 않고 제자리를 지키고 있다. 한국전쟁 당시 빨치산들이 주둔했다는 와운마을, 빨치산들이 이 산 저 산 닥치는 대로 불을 질러 산불이 비일비재했지만 그들도 유독 천년송만큼은 건들지 않았다고 한다.

와운마을 천년송은 그만큼 다른 세계에 있다. 마을 뒷산에 소도의 표지처럼 우뚝 서 있는 천년송은 많은 나이에도 불구하고 세력이 좋아서 수형이 장엄하고 아름답다. 이 나무의 가장 큰 특징은 잘 발달한 여러 개의 가지다. 마치 상상의 동물, 용의 비늘처럼 겹겹이 싸인 나무껍질이 살아 움직이는 것 같다. 할머니, 할아버지 나무라는 이름을 가진 두 그루의 나무는 천년송이라는 이름답게 그 나이가 일천 살이 넘었다 하나 정확하지는 않다. 요즘에는 첨단 과학으로 나이테를 정교하게 측정하여 밝힐 수 있다지만 어떤 생물이든 연치가 수백 년이 넘으면 무슨 조화를 부리는지 알 수 없으니 어찌 진짜 나이를 안다고 하겠는가? 이런 나무의 나이는 숫자가 아니라, 神齡(귀신신, 나이령)이라거나 木靈, 또는 不齒算(불치산, 이치를 셈할 수 없는), 不可思議(불하은의)의 無量壽(무량수) 따위로 헤아려야 옳은 게 아닐까? 이 나무를 주술적 신비와 심리적 크기가 뒤얽힌 神木으로 받아들이는 셈이다.

신목은 객관적 존재라기보다 주체가 현실에서 받은 상처를 감싸주고 치유해준다고 믿는 주관적 대상이다. 천년송을 찾는 것은 이러한 이유 때문에 상처 없는 자에겐 신목이 존재할 이유가 없다. 천년송을 처음 보면 어머니처럼 포근한 느낌이 들지 않는다. 엄청난 크기로 압도하는 전율이 먼저 온다. 머리털이 삐쭉 서고 온몸에 소름까지 돋는다. 말문을 막아버리는 쩌렁쩌렁한 고요가 이러한 전율과 느낌을 배가한다.

현실에 바탕을 둔 삶의 생명성을 함께 드러내고 있는 천년송은 전통적으로 내려오는 신성과 초탈의 이미지를 표출한다. 1990년대 초반만 해도 와운마을은 두메산골 한적한 곳이었는데 몇 년 사이 여느 마을처럼 민박촌과 식당이 생기면서 좀 소란스럽다. 특히 여름에는 뱀사골 계곡에 피서객이 몰려 휴식을 취하는 쉼터가 아니라 마치 장날 저잣거리 같다.

천년송은 전혀 다른 세계로서, 일상적 삶과는 동떨어져 있다. 그곳은 일상의 절망이 깊어져 더 이상 어찌할 수 없을 때 찾아갔다가 상처를 털어내고 돌아오는 소도이다. 소도는 인간의 말이 의미를 잃는 곳. 말을 버림으로써 현실의 상처를 치유하는 공간이다. 인간인 이상 언어를 벗어나서 존재하는 것은 불가능하다. 그러니 그곳은 인간의 자격으로 오래 머물 수 있는 자리가 아니다. 천년송은 시간의 상징이다. 와운마을 천년송에는 깊은 시간의 더께가 쌓여 있다. 인간의 것과는 다른 그 시간의 더께가 때로 인간의 상처를 감싸안아 존재의 의미를 깨닫게 해준다.

남고산성 답사

임실문화원장님의 주선으로 지인들과 함께 천 년의 역사를 지닌 백제의 숨결을 찾아 전주문화원 연구원 덕암 이용엽 선생님과 동행하여 남고산성 유적 답사에 나섰다. 우리 고적, 유적문화에 관심이 많은 지인들은 말로만 들었던 백제 때 쌓은 산성 역사 현장을 보면서 덕암 선생님의 해설을 들었다. 남고산성은 전라북도 전주시 동서학동에 있는 통일신라시대의 석축산성으로 사적 제294호로 지정되어 있다. 둘레는 3,024m로 현재 성문지와 장대지 등의 방어시설이 남아 있다. 일명 견훤산성 혹은 고덕산성이라고도 불리는 남고산성은 고덕산의 서북쪽 골짜기를 에워싼 포곡형 산성이다. 이 성은 901년에 후백제의 견훤이 도성의 방어를 위하여 쌓은 것으로 전해지고 있으며, 현존하는 성벽은 임진왜란 때 전주부윤 이정란이 이곳에 입보하여 왜군을 막을 때 수축하였다. 그 뒤 1811년(순조 11년)에 관찰사 이상황이 중축하기 시작하여 이듬해에 박윤수가 관찰사로 부임한 뒤 완성한 것이다. 남북에 장대가 있으며, 문은 동쪽과 서쪽에 있었다. 서쪽에는 암문이 하나 있었고, 동서남북에 각각 하나씩 포루가 있었으며, 특히 천경대, 만경대와 같은 절벽이 있는 자연적 요새를 이용하였다. 1911년 발간된 ≪완산지≫에는 남고산성이 완성되고 진이 설치된 시기가 1813년이라고 기록되어 있다. 마을 입구에 오래된 느티나무와 대나무 숲이 울창하다. 충경사를 지나 올라가면 삼경사가 나온다. 삼경사 약수터를 바로 지나면 우측으로 올라가는 가파른 산성을 볼 수 있다. 산성이 크게 훼손되지 않고 잘 보전되어 있어 산성을 밟으며 올라가면 문화답사에 한층 실감이 난다. 잘 정비된 산성을 따라 올라가면 주변을 둘러볼 수 있는 천경대가 나온다. 천경대, 만경대, 억경대 안내판이 지도와 함께 잘 나타나 있다. 좌측으로 산성을 지나간다. 우측은 고덕산 가는 길이고 좌측이 산성을 밟고 가는 길이다. 보수 공사가 완료되어 쉽게 갈 수는 있지만 북경대 근처에는 보수공사 완료한 후 상부에 시멘트를 발라서 산성의 이미지가 별로 좋지 않다.

남고산성의 억경대에서는 전주 시가지가 한눈에 들어와 선명하게 내려다볼 수 있다. 가파르게 내려가면 좌측에 남고사가 보인다. 성문을 지나 남고사 입구에서 우측으로 50m 올라가면 만경대가 나온다. 여기가 정몽주 우국시가 새겨진 만경대이다. 산성 성곽은 원래 적의 침입을 방어하기 위하여 높이 쌓아올린 것이다. 산성은 산의 정상부나 사면을 이용해 적으로 하여금 많은 힘을 기울여 공격하게 하고, 아군이 적을 내려다보며 수성하려는 의도에서 축조된 것의 총칭이다. 남고산성 동문은 승암산에 있는 후백제 견훤의 별궁 터라고 알려진 동고산성이 있다. 견훤은 나라 이름을 당당하게 백제의 맥을 잇는다는 뜻으로 '백제' 라고 선포했다. 후백제란 이름은 후세의 역사가들이 백제와 구분하기 위해 지었던 이름일 뿐이다. 억만가지가 보인다고 하는 억경대에 올라서니 완산칠봉이 보인다. 이곳 억경대에서 곧바로 내려가면 좁은목약수터가 있는데 지금은 남원으로 순천으로 가는 길이 사통팔달로이지만 옛날에야 전주천변에 작은 소롯길로 있었을 것이다. 충경사는 이정란 장군을 모신 사당이다. 그는 임진왜란 때 전주에서 칠백여 명의 의병을 모집하여 남고산성과 만경대 등에 복병을 배치, 고바야가의 침입을 막았던 공로로 충경공이라는 시호를 얻었던 인물이다. 산성을 한 바퀴 도는 시간은 3시간쯤 소요되었다.

어느 지역을 가든 간에 의미도 모르고 그냥 둘러보고만 나오는 것보다 그 지역 해설사의 해설을 들으면서 가면 이해가 쉽다. 옛 선인들의 발자취를 따라 처음 유적답사를 나선 지인들은 이런 기회가 자주 있었으면 좋겠다고 이구동성이다.

넓은 정원

작은 산들이 병풍처럼 둘러 있고 지류이지만 언덕 앞에는 섬진강 물이 흐르는 강나루 언덕, 우리 정원은 넓고도 넓다. 자칫 오해하면 내가 부동산 투기를 하여 땅을 넓혀 놓고 자랑하는 것 같지만 이곳에 내 소유로 된 땅은 한 평도 없다. 언덕 위 우리 집에서 창문을 활짝 열면 넓게 펼쳐진 산과 들의 풍경이 한눈에 들어온다. 가끔 문학동인과 지인들이 오면 맨 먼저 활짝 펼쳐진 정원을 소개한다. 눈앞에 보이는 넓은 들과 산을 내 정원이라고 자칭한다. 하늘의 별도 달도 구름도 내가 올려다볼 수 있을 만큼 뜰에 들여놓고 산다고 했다. 지인들은 너무 욕심이 과하다고 하나 이만 한 호사를 누릴 수 있는 것도 시골에 사는 덕이 아닐까 싶다. 정원은 숲과 들과 밭의 곡식, 그리고 강물이 어우러져 한 폭의 수채화 같다. 굳이 힘들여

가꾸지 않아도 자연스럽게 저절로 이루어지는 정원, 창문 하나에서 사계절이 오고 가고 정원은 온갖 새들과 벌레들의 노랫소리가 늘 준비되어 있다. 일상이 풀어져 느슨해지면 가끔씩 천둥번개가 정신을 깨워준다. 무상으로 얻은 내 정원, 산에 살아본 사람들은 공감할 것이다.

이른 새벽 이 정원에 서면 침묵과 평온함이 주위를 감싼다. 가끔씩 정적을 깨는 새소리가 오히려 침묵을 더 깊게 한다. 침묵은 더 이상 불편한 것이 아니고 말 그대로 사념의 사라짐이다. 나무 숲에 어둠이 걷히면서 풀잎들이 얼굴을 내민다. 함초롬히 이슬 젖은 잡초 꽃들이 잠에서 막 깨어난 아이 얼굴 같다. 온갖 벌레들이 풀과 나무 사이를 서성대며 주위를 살핀다. 산새들은 우리 집 축생들 구시에서 먹이를 챙겨먹느라 분주하다. 누가 새벽종을 울리지 않아도 이 정원의 가족들은 아침을 먼저 안다.

우리 집 주변은 참나무와 잡목이 숲을 이루고 있어 가을이 빨리 찾아오는지도 모른다. 나무는 잎이 넓을수록 고운 옷을 빨리 입는다. 나무들이 곳곳에 내려준 낙엽들은 산짐승들이 따뜻한 밤을 지낼 수 있도록 마음자리를 널리 살펴준다. 가을산은 접어들수록 매력이 있다. 햇살은 투명하며 나무들은 최고의 붉은색과 노란색으로 곱게 물들어 있고 구절초꽃을 비롯한 가을의 꽃들이 어우러져 피어 있는 모습은 그야말로 완벽한 가을의 절정이다. 산 중턱까지 내려오고 있는 난풍, 험한 바위 틈에 끼여 사라는 싸리나뭇잎, 바람이 불 때마다 우수수 소리를 쏟아낸다. 단풍은 이미 개옻나무에 짙게 물들어 붉은 이파리를 흔들고 있다. 바위 틈에 굳건히 자리잡은 키

작은 나무들의 화려함이 참으로 요란하다. 지금의 가을산이 있기까지는 겨울, 봄, 여름 산의 수고가 있었기에 가능했다. 눈에 보이지 않아도 그 모습엔 결국 사계절의 모습이 담겨 있는 것이다. 바람 따라 계절 따라 산은 그 모습을 바꾸어 갈 것이다. 생명력 충만한 숲에서 산의 모습은 어느 계절의 모습을 지니고 있든 매력이 있다.

구름 계곡

아직도 전국에는 사람들에게 잘 알려지지 않아 태곳적 신비를 간직하고 있는 원시림 같은 계곡들이 많다. 근원도 모르는 곳에서 만들어진 물은 샘을 만들고 계곡을 이루어 아래로 흐른다. 진안 백운동계곡은 섬진강의 최상류이다. 계곡으로 들어서면 먼저 울울창창한 숲이 햇볕을 감춘다. 적당한 크기의 둥글넓적한 바위는 아무 곳에나 펼쳐져 있다. 돗자리가 따로 필요 없다. 백운동계곡에서 더위를 식히려면 저마다 물놀이하기 좋고 경치가 좋은 곳을 찾아야 한다. 이곳은 어느 곳이나 평평한 바위가 널려 있어 쉴 수 있는 공간은 많다. 비교적 세상에 덜 알려져 있어 깨끗한 계곡과 원시림이 잘 보존되어 있는 곳이다. 숲이 우거져 있는 계곡은 늘 시원한 물소리가 끊이지 않는다. 언제나 흰 구름이 산 위에 걸려 있어 '백운동'이라고도 불린다. 조선을 개국한 이성계 장군이 성수산을 지나 대운 마을에서 동쪽에 흰 구름이 산 위에 걸려 있는 것을 보고 백운이라는 지명을 지어 주었다고 전해진다. 원백마을 입구에서부터 너럭바위가 많은 계곡이 시작된다. 계곡에는 메기, 꺽지, 쉬리, 통가리 등을 볼 수 있고 청정지역에서만 볼 수 있는 반딧불이도 흔하다. 섬진강물은 선각산과 덕태산에서 흐르는 물과 데미샘에서 흐르는 물이 신암리를 거쳐 반송을 지나 마령면에서 백운동 물과 합수된다. 풍열냉천을 지나 관촌에서 오원천 이름으로 흐르다가 신평 원시암내에서 비로소 섬진강이란 거대 이름으로 큰 강을 이루며 흐른다.

백운동은 주변 산세가 깊고 수림이 울창해 가뭄에도 물이 줄지 않고 홍수 때도 물빛이 탁해지지 않는다. 산 중간쯤에 진정폭포가 있고 그 위로 기암절벽과 바위를 타고 흐르는 폭포가 여러 갈래로 쏟아진다. 마치 빛 좋은 가을날 빨랫줄에 광목천을 걸어놓은 듯 폭포는 하얀 포말을 밀고 내려온다. 가는 길목마다 군데군데 폭포와 작은 소가 있어 뼛속이 들여다보이는 산천어들이 헤엄치고 있다. 원근 사람들에게 잘 알려져 있지 않아 비교적 깨끗하고 호젓하다. 여기저기 넓은 암반이 널려 있어 탁족을 즐기기에 그만이다. 길 따라 전개되는 암반과 기암절벽, 흰 거품 밀고 내려온 맑은 물의 조화가 선계에 들어온 듯하다. 비 온 뒤의 불볕더위는 사람들을 강과 산으로 몰아낸다. 비에 씻긴 뒤 볕에 몸을 말린 너럭바위는 더욱 반짝거린다. 백운동계곡은 폭이 좁은 반면 나무 그늘이 시원하고 그늘이 많다. 숲 속에는 군데군데 안전야영장이 만들어져 있고 숲이 울창해 그늘막을 치지 않아도 햇빛 받을 일은 없다. 아랫물이 맑으니 윗물이 얼마나 맑은지는 굳이 말할 필요가 없다. 선각산과 덕태산 사이를 흐르는 백운동계곡은 이름처럼 하얀 구름에 덮인 선경을 연출하는 아름다운 계곡이다. 계곡을 줄곧 끼고 오르는 비포장 임도를 따라 덕태산이나 선각산 트레킹도 계획해 볼 수 있다. 물이 맑고 깨끗해서 발 담그기가 민망할 정도다. 지척에서 들리는 물 흐르는 소리는 세상사에 찌들린 마음때까지도 말끔히 씻어준다. 한적한 곳에서 쉬고 싶다는 사람들에게 추천할 만한 곳이다. 바깥엔 7월 땡볕이 온 세상을 태울 듯 내리쬐지만 햇살 한 줄기 비집고 들어올 틈을 주지 않아 한기가 느껴질 정도다. 자연을 벗하며 지내는 깊은 산속의 휴가는 지친 우리를 재충전시켜 줄 것이다.

불타는 가을 길

늦가을 성수산 단풍도 절정이 아닐까 싶다. 간편한 복장을 갖추고 지인들을 만나기 위해 최소한의 준비를 하여 집을 나섰다. 휴양림 숲으로 들어가는데 주차장에 몇 대의 버스가 주차되어 있다. 대형차 번호를 보니 서울, 광주, 대전 차다. 때가 때이니 만큼 저마다 불타오르는 절정을 보기 위해 너나없이 산을 찾기 마련이다.

상이암으로 오르는 오솔길에 상수리나무 잎이 바람이 불 때마다 우수수 소리내며 날갯짓을 한다. 낙엽이 길을 뒤덮어 바닥이 보이지 않는다. 지난주 토요일만 해도 푸른 기운이 훨씬 더 많더니만 일주일 만에 완전히 빛깔이 달라졌다. 나무들이 각각 가지고 있는 염색체 물감을 풀어내 물들인 단풍이 절반 이상은 이미 조락을 준비하고 있다. 산속에 떨어지는 낙엽은 제자리에서 썩어 자기를 키워준

나무에게 다시 돌아가지만 길가에 있는 나무들은 그렇지 못하다. 언젠가 이 모든 낙엽들이 바람에 실려 날아가 버리거나 사람들의 발에 의해 묵살되어 어디론가 사라질 것이다.

주차장에서부터 걷기 시작하여 상이암 반대편 육모정까지 한 시간이 걸렸다. 임도라고는 하지만 오르막길이라서 발걸음이 더디다. 연화봉까지 꼬박 두 시간이 걸렸다. 정상에서 산 아래쪽으로 본 성수산은 절반은 초록이요 절반은 단풍색이다. 지난주말 한창이던 개옻나무의 붉은 잎은 이미 떨어져 보이지 않는다. 파란 하늘을 배경으로 화려한 색의 향연을 벌이던 그 많던 잎들이 바닥에 떨어져 조용히 엎드려 있다. 이번에는 단풍나무가 주인이다. 단풍나무가 불타는 듯 요란한 색채를 뽐내고 있다. 화려한 색깔로 사람의 넋을 송두리째 빼놓는다. 서늘한 가을바람이 땀에 젖은 옷을 헹군다. 선홍색 강렬한 빛을 발하며 늦가을 바람에 온몸을 내맡기고 있다. 그들도 멀지 않아 모두 다 떨어져 어디론가 사라지리라. 생로병사의 자연법칙이 어디 인간에게만 적용되는 일이던가. 식물이든 동물이든 생명을 지니고 타고난 것이면 이 냉엄한 진리는 그 누구도 피해갈 수가 없는 것이다.

물비늘이 반짝이는 성남저수지에 오후 엷은 노을빛이 깔리면 산그늘도 함께 드리워진다. 물비늘이 고기 떼처럼 수면 위에서 반짝이면 은빛 고기 떼들이 덩달아 팔닥팔닥 뛰기 시작한다. 세월을 낚는지 고기를 낚는지 듬성듬성 자리를 차지하고 강태공이 낚시를 드리우고 있다. 붉게 물든 가을산과 저수지가 어우러져 전혀 색다른 분위기다. 그림물감을 풀어 한 폭의 그림을 그리고 싶다는 생각이 먼저 앞선다. 늦가을이라고는 하지만 직사광선은 따갑고 가혹하다.

저수지 한가운데에서 물오리 가족들이 따사로운 햇살을 받으며 졸고 있다. 한바탕 먹이 사냥을 끝내고 휴식을 취하고 있는 듯하다. 되도록 사람의 손길이 덜 닿아 자연 질서를 교란하지 말아야 할 텐데. 그래도 아직 이쪽은 크게 개발되지 않았다. 지척에 대로가 있어 번잡하기 이를 데 없지만 이곳은 별천지 같다. 조용하고 한적하다. 모든 일에는 동전처럼 양면성이 있기 마련이다. 개발과 보존, 정말 어려운 문제이다. 과연 그 경계가 어디까지 가야 할 것인지 판단하기 쉽지 않다.

오후의 시간이 노을을 불러들이고 있다. 발길 재촉하여 하산하여 수철리마을을 오다 보니 촌로들이 낙타 등처럼 휘어진 몸으로 곡식을 거두고 있다. 구릿빛 주름진 얼굴에 오랜 농사일로 굳은살이 박힌 손으로 김장배추를 매만지기에 바쁘다. 발바닥이 얼얼한 것이 내 것 같지 않다. 제발 물집은 생기지 않았으면 좋겠다. 신발을 다시 고쳐 신으면 오히려 더 불편할 수도 있으니 집에 도착할 때까지 그대로 견디기로 하자. 긴장이 풀어지니 다리 무게가 천 근이다.

당고모, 당숙모님

비 갠 강나루언덕 산자락에 감도는 운무는 살아 숨쉬는 화폭이다. 사시장철 묵화, 유화를 다양하게 감상할 수 있는 것은 집 주변이 산으로 빙 둘러 있기 때문이다. 오후 햇살이 서녘 하늘에 노을로 펼쳐 있다가 지워지는 광경은 인생의 황혼을 보는 것 같다. 어느 화가가 이렇게 아름답고 슬픈 노을을 그려낼 수 있을까.

아침에 일어나 제자리에 있어야 할 것이 없다면 그날은 이상한 날이다. 세월이 흐를수록 정이 드는 친지들, 하루라도 못 보면 살 수 없는 사람들이 있다. 촌수로는 경순, 칠순은 당고모님이고 삼순은 당숙모님이시다. 대개 친지들이 외지로 나가 살고 주변에는 다섯 집이 살고 있다. 우리는 촌수를 분명히 가려 윗사람을 받들고 존중하며 지내지만 때로는 자매들처럼 지내기도 한다. 연세 순서로 본다면 칠순(74), 삼순(73), 경순(68) 그리고 나는 지천명 초입이다. 나는 조카 즉 그들의 질부이자 막내다. 여기에서 모두를 부르기 좋게 통칭으로 자매들이라고 쓴다. 순자 고모는 전주에 사시기 때문에 가끔씩 참여한다. 집안에 행사가 있을 때에나 서울에서 친지가 오면 도래도래 사는 집안들이 모두 모여 시간을 함께 나눈다.

자매들 중에 농사를 짓는 사람도 없다. 농사라고 해야 남들이 볼 때 삿갓다랭이밭 정도에 채소나 심을 정도다. 그 중에 우리는 농사가 많은 편이다. 일도 나누는 것도 모두 함께해야 한다. 천하에 묵정밭도 자매들이 모이면 말끔하게 해결된다. 제초제 농약이라고는 모른다. 그 대신 호미 들고 잡초를 뽑아내고 무공해 채소를 가꿔 나눠 먹는다. 어디를 가든 무슨 일을 하든 간에 자매들 속에 이방인이 끼어들 수 없다. 누군가 끼어들면 왠지 불편하고 몸에 맞지 않은 옷을 걸친 기분이다. 사람들은 우리 사는 모습을 부러워하기도 한다. 막내인 나는 어른들을 따라 다니면서 배우는 것도 참 많다. 나물 이름도 모르고 옛 음식도 만들 줄 모르는데 그들은 익숙한 노하우를 나에게 하나씩 전수해 준다. 이론만 갖고 어디 음식을 만들 수 있으랴. 같은 음식이라도 각자의 손맛에 따라 다른 걸! 하루라도 전화통화를 하지 않으면 궁금해서 못 견딘다. 자매들은 모두 솔로다. 혹여 누구 하나 돌아가시면 못 살 것 같다. 나는 가끔 누구든지 내 허락 없이 아프거나 돌아가시면 용서 못한다고 으름장을 놓는다. 나는 농담처럼 했지만 진담이다.

❀ 나물

자매들은 정월 보름부터 들녘을 점검한다. 익숙한 논두렁, 밭두렁에 어떤 나물이 어디에 많이 나는지 자매들은 우리 마을 산과 들판 호적계장이다. 겨우내 움츠렸던 기지개도 펼 겸 논두렁, 밭두렁 탐사를 시작한다. 경순 고모는 빈 들에서도 나물을 뜯어 빈 소쿠리로 돌아온 적이 없다. 항상 경순 고모 소쿠리가 제일 먼저 그득하다. 봄에는 독성이 없어 어지간한 것은 나물이 된다고 한다. 불미나리, 돌나물, 쑥은 기본이다. 겨우내 지친 간 회복에는 쓴 나물이 최고다. 도화동 우리 선산에는 머위가 많다. 오솔길을 따라 한참 올라가면 조상들의 산소가 있다. 산소 옆으로 계곡이 있는데 이곳에 난 머위는 산머위라 붉은색이 나며 부드럽고 잎에 향기가 많다. 손바닥만큼 자란 머위가 가장 맛있다. 자매들은 농담과 웃음으로 욕심껏 뜯어온 머위와 산나물을 객지에 사는 친척들에게 택배로 보내기도 하고 이웃에게 나눠주기도 한다.

❀ 고사리

응달에는 얼음 덩어리가 부스럭거리고 아직 분홍빛 진달래꽃도 피지 않았는데 산에 가고 싶어서 자매들은 몸살이 난다. 이른 봄에 올고사리가 많이 나는 장수 비행기재는 벌목을 한 지 몇 해 되었는지 산에 큰 나무가 없어 일조량이 많아 고사리가 많다. 본격적으로 잎이 나고 꽃이 피면 몇 차례 고사리 채취에 재미를 느낀다. 거칠고 찔리는 가시나무가 많아 헤치고 다니는 데 여간 힘든 게 아니다. 고사리도 자기를 보호하는 차원인지 대개가 풀잎이나 잡목 밑에서 자란다. 이른 새벽에 집에서 모여 비행기재까지 차로 가면 30분 정도 걸린다. 남들이 다녀가지 않아야 좋은 것을 채취할 수 있다. 비행기재는 늘 안개가 걸려 있다. 축축한 안개를 밀어내며 산속으로 진입한다. 고지대라 갈 때마다 안개가 끼어 있어 약간 두렵기도 하다. 옆에 사람이 잠시만 보이지 않아도 경순 고모는 수시로 이름 부르며 확인을 한다. 주먹을 쥔 오동통한 고사리가 널려 있는 곳을 발견하면 모두 두려움도 잊은 채 소리도 없이 전념을 한다. 두어 시간 채취하고 배낭 가득 등에 지고 내려오면 안개는 걷히고 나무 사이로 빗살 같은 햇살이 내려온다. 차 있는 곳까지 와서 짐을 내리면 언제나 경순이 고모 배낭이 가장 무겁다. 몇 차례 비행기재를 다녀오면 일 년 내 제수에 쓸 양이 된다.

* 다슬기

우리 집 앞 버드내는 성수산에서 흘러내려 지류이지만 섬진강 상류에 속한다. 물이 맑고 깨끗하다. 모내기하기 전에는 저수지에 물을 가둬 두기 때문에 냇가에 물이 많지 않다. 자매들은 가끔씩 냇가에 들어가 다슬기를 잡는다. 물이 자박자박 잦아드는 곳에는 다슬기가 많다. 다슬기는 눈치가 빠르다. 조심조심 발을 옮겨도 물살의 흔들림 때문인지 금방 알아채고 돌에서 빨판을 떼어 돌 밑으로 숨어 버린다. 다슬기는 야행성이다. 낮에는 별로 보이지 않다가도 밤이면 새까맣게 돌에 붙어 있다. 냇가는 집에서 50m정도 거리에 있어 무더운 여름밤에 손전등을 켜 들고 잠시 나가서 잡기도 한다. 시골에서는 휴가철이라고 해도 특별히 갈 곳이 없다. 더우면 냇가에 들어가 다슬기도 잡고 물놀이는 기본이다. 자매들은 여름휴가를 그렇게 보낸다. 시장에서는 다슬기가 무척 비싸다고 한다. 그러나 몇 시간씩 물에 들어가 다슬기 잡는 것이 그리 수월하지는 않다. 힘들고 고단한 것에 비하면 비싼 것이 아니다. 우리는 가끔 별미로 먹으려고 잡지만 생업으로 하는 사람들에게는 중노동이다.

❀ 김장배추

가을이면 모두 모여 김장 배추를 심는다. 우리 집에는 퇴비가 많아서 밭마다 비옥하다. 농기계가 있어 공동으로 작업하고 함께 나눈다. 비료는 거의 쓰지 않고 퇴비로만 농사를 짓기 때문에 김치가 일 년 내 오래 두어도 무르지 않아 맛이 그만이다. 김장도 자매들끼리 집집마다 돌아가며 한다. 그래서 집집마다 김치 맛이 똑같다. 나 말고는 일 년 내 자매들의 생활이 거의 같다. 사람을 늙도록 만드는 요소들이 있다고 한다. 그런 요소가 많을수록 노년의 얼굴은 심하게 일그러진다고 한다. 그래서 요즘은 웃음 치료사가 있을 정도다.

자매들도 세월을 받아들여야 하는 연세다. 무엇과도 바꿀 수 없는 어른들과의 소중한 시간들, 오래 함께하고 싶다. 사람은 늙는 게 아니고 오래된 포도주처럼 숙성되어 가는 것이다.

| 축하의 글 |

역사의식을 갖춘 진정한 작가

최성미 | 임실문화원장

나는 문인도 아닌데 또한 문학 자체를 잘 알지 못하는 사람인데 한 꼭지의 글을 써달라는 강명자 선생의 부탁을 받고 공자 앞에 문자 쓰는 격이기에 사양하였으나 문화원장이란 이유로 이 글을 적어 보았습니다.

이미 강명자 선생의 글 중 일부를 읽어본 기억이 있어 익히 문인으로서 수준 높은 창작활동에 찬사와 함께 문인들 사이에 진솔한 귀감이 되고 있다는 것을 잘 알고 있습니다.

특히 이번에 실린 작품들은 隨筆이면서 詩도 같고, 또 어떻게 보면 小說 같기도 한 글 속의 내용은 현대인들이 만끽할 수 있는 독특하고 매우 특별한 글들이라고 생각합니다.

글 중에

〈그 숲에 가면〉에서 “이른 새벽, 벌레들은 아직 잠에서 깨어나지 않았는지 물소리가 먼저 산길을 연다. 풀꽃 말고는 숲에서 무슨 일이 일어나고 있는지를 아는 이가 없다.” 이는 상상 속의 고요한 새벽을 표현하였고, 이른 아침의 내음을 마음속에 충동질함으로써 고요함 속에 하루를 여는 자연의 소리를 현실적으로 표현하였다고 봅니다.

“숲길로 들어선 초입, 억새풀이 어우러진 그곳에서 장끼와 까투리의 앓는 소리를 듣는다. 그 사랑 자리가 꼭 살 베이는 억새밭이어야 하는지 알 수 있을 것 같다.” 여기에서도 자연의 생명력을 장끼와 까투리로 표현하여 평화로움 속에 대자연이 펼쳐지며 자연 속에 생명이 탄생되는 과정을 말하는 것으로 보여집니다.

그동안 많은 것을 보고 배우며 자료와 대화로써 오랫동안 겪어본 강명자 선생은 향토문화 발전에도 크게 기여하고 있는 문인입니다. 따라서 ‘문화와 역사를 바탕으로 한 문학 작품만이 깊이가 있고 진솔한 표현이 되어 그 진가를 맛볼 수 있다.’라는 의식을 갖고 활동하는 작가라고 봅니다. 또한 ‘문화와 역사를 겸비한 바탕 위에 좋은 작품을 세워놓아야만 이 시대에 존재할 수가 있다.’라는 깨달음으로 글을 쓰는 작가라고 보고 있습니다.

다음의 글 중

“자유, 이 소박한 자유의 의미를 도회지 사람들은 늘 복잡하고 까다롭게 해석하며 산다. 그러면서 늘 자신은 일상의 굴레로부터 벗어나지 못하는 그저 갈구하는 구속인으로 살아가는 이도 많다. 어떤 이들은 맘껏 웃고 싶은 데만 골라 다니는데 어떤 이는 자연과 이야기하고 싶은 데만 찾아다닌다. 나는 후자에 속한다."

이 내용 속에는 도시 사람들과 시골 사람들의 의식을 상대적으로 표현하였으며, 여기에서 작가는 '도시보다 시골이, 특히 친근감이 있는 자연이 좋다.' 라고 하였습니다. 자유롭고 평화로운 자연환경이 문인으로서 작품활동을 하는 데 얼마나 중요한가를 대변하여 주고 있다고 봅니다. 문인들은 창작행위예술을 글로써 표현하는 자기만의 독특한 개성과 마음을 삶의 리듬 속에 상상하여 접목시키는 사람들이라고 말하고 싶습니다. 따라서 문학은 역사성 문화적인 것, 또는 작가의 사상을 예술적으로 모아서 종합예술로 창작되어야 한다고 생각합니다. 이번에 발행되는 강명자 산문집은 위에서 말하는 역사성과 문화의 바탕 속에 예술적 감각을 고루 갖춘 작품들이라고 생각합니다.

자연과 문학 그리고 인생

— 물아일체의 향수

정인관 | 임실문인협회 회장

자연은 신의 예술이요, 자연은 인간이 가야할 길을 현명하고 공정하게 안내해 주는 안내자이다. 그래서 인간은 자연을 떠나서 살 수 없고 복종하며 살아야 한다. 대자연은 인간에게 주는 예술의 극치이다. 그렇기 때문에 인간은 자연을 정복하면서 우주의 질서를 배워야 한다. 자연이 인간에게 주는 무한대의 예술을 배우기 위하여 우리는 글을 쓰고, 그림을 그리고, 산에 오르고 물의 정중동을 느끼며 살아가고 있다.

'사람의 마음을 착하게 하는 것은 좋은 음악, 조용한 풍경, 좋은 향기이다.'

성수산 정기 받아 오봉산 자락에 자리잡은 평지마을은 누구나 느낄 수 있는 전형적인 고향 마을이다. 뒤로는 솔향기가 그윽하고 앞으로는 강물이 흐르는 마을로 산세 좋고 물이 좋은 마을에서 필자는 한 생을 살아가고 있다. 산이 좋아 산에서 배우고, 물이 좋아 물의 진리를 깨닫고, 그 속에서 자연의 순리를 느껴가면서 아침이슬 해맑은 물 초롱에 금빛살처럼 영롱한 그 심성이 바로 한 권의 글빛으로 피어나게 됨은 순수한 농촌 아낙네가 자연에 순응하며 살아온 예술의 극치라 본다.

시인이면서 수필가인 강명자는 낮이면 밖에서 일을 하고, 밤이면 골방에서 밤을 지새우며 자연을 정복하고자 책을 읽고, 우주만물의 이치를 통찰하고자 글을 쓰고 있다. 농경생활 속에서 제 4차원의 세계를 내다보며 임실지역 향토문화 연구와 성수산 유적 발굴 조사 연구자로 지역 문학인으로 힘차게 뛰고 있는 필자는 과연 상록수와 같은 농촌 계몽자요, 선구자라 볼 수 있다.

강명자 수필가는 일찍이 〈섬진강 하동〉이라는 글로 박경리 토지문학 대상을 받은 바가 있다. 그 글 속에는 산과 강과 그리고 모든 생명체들을 신비스러움과 오묘한 천지창조를 그리는 듯이 자연의 예술, 현명함, 질서를 순수한 은모래빛으로 구사하고, 싱그러운 생명체들이 노래하며, 살아 움직이는 형상이었다. 섬진강에서 하동, 그사이 송림들의 향기, 하동의 은모래, 가장 순결하고 청아한 섬진강, 새 떼들의 군무, 출렁이는 파르스름한 물결, 물수제비가 날아가는 수평선, 신사에서 은은하게 울려 퍼지는 풍경소리 이 모두가 물안개로 피어오르듯이 순결하고 청아한 경이로움이다.

패랭이꽃 하나, 푸르른 잎새 하나도 밤이면 잠을 잔다. 생명체이기 때문에, 우주만물의 섭리이고 자연의 순리이기 때문에. 그것을 아는 강명자 수필가는 '야간 산행'을 하면서도 자연이 거역할까 봐 발자국 소리를 죽여 가며 은하수 따라 달빛, 별빛에 선명해진 산자락, 강자락에 피어난 들국화 향기에 젖어 밤을 지새웠다는 그 생활 자체가 자연과 문학과 사람, 삼위일체가 바로 필자 자신이라고 본다.

> '비내리는 이 저녁, 바람은 휴식이 없습니다./ 나는 바람에 흔들리는 나뭇가지를 보며/ 만물의 위대성을 깊이 생각해 봅니다.'
>
> — 타고르

'비 오는 날의 풍경' 그 자체가 '자연의 위대성' 이다. 풀벌레가 울어대는 들판에서, 비가 내리는 창가에서 통기타를 들고 달맞이 향기 속에서 노래를 하며 빛과 바람과 자연 속에서 여유로운 마음으로 물아일체에 몰입한다는 것은 자연을 위대한 책 한 권으로 펼쳐보는 필자의 사상이요, 진솔한 삶의 행복이라 본다. 돌에 새길 고귀한 한 마디를 위하여 오늘도 웃음을 파란 하늘에 띄우며 물길 따라 살아가소서.

강명자 산문집

산이여 강이여

인　쇄 2010년 10월 12일
발　행 2010년 10월 15일

지 은 이 강 명 자
펴 낸 이 서 정 환
펴 낸 곳 신아출판사
주　소 전주시 완산구 태평동 251-30
전　화 (063) 275-4000
팩　스 (063) 274-3131
E-mail sina321@hanmail.net
shina321@chol.com

값 12,000원

ISBN 978-89-5925-768-3 03810